Licht vom unerschöpften Lichte

Inhalt

Vorwort

Naturwissenschaft und Technik haben uns im Verlauf der letzten einhundert Jahre mit den Stoffen und Kräften dieser Welt vertraut gemacht. Wir sind heimisch geworden innerhalb der Erdenwelt und ganz auf die Wechselbeziehung zwischen der Natur und dem, was wir Menschen aus ihr gemacht haben, eingestellt. Aber entspricht diese Einengung unseres Blickes auf das Zählbare, Meß- und Wägbare dem wahren Sachverhalt? Liegt darin der Fortschritt, daß wir über das Materielle hinaus keine Wirklichkeit mehr anerkennen wollen? Instinktiv regt sich heute vielerorts der Unwille gegen das Beherrschtwerden, gegen das Eingrenzen des Lebensraumes durch materialistische Praktiken.

Ist eine Neubesinnung auf die Grundlagen unseres Daseins möglich? Heute wird der Fortschritt darin gesehen, daß es gelingt, an die Stelle unbekannter Werte das Faßbare zu setzen. Doch unvermerkt geht uns das Vertrauen in eben dieses Faßbare mehr und mehr wieder verloren, löst sich die sichere Geborgenheit unseres rein äußeren Weltbildes wieder in unsichere Bestandteile auf.

Der Mensch gehört nur zur Hälfte in die sichtbar-sinnliche Welt; mit der anderen Hälfte urständet er im Bereich des Geistes. Das ist die eigentliche Spannweite menschengemäßen Seins und Bewußtseins: daß er beiden Welten angehört. Eine Leugnung der spirituellen Umwelt muß ihm auf die Dauer genauso schlecht bekommen wie einst die Verneinung der Erde in mittelalterlicher Weltflucht und wie heute die Mißachtung und Mißhandlung der natürlichen Umwelt. Er ist Rechenschaft gegenüber beiden Daseinshälften schuldig, beide Welten erheben Anspruch auf ihn, beide schenken ihm die Mittel zu seinem Dasein. Immer zahlreicher werden diejenigen Menschen, welche Hilfen aus der Welt des Übersinnlichen so unmittelbar erfahren haben, daß ihnen die Vollmacht des Geistigen in seiner Allgegenwart ebenso gewiß ist wie der Umgang mit den Dingen des täglichen Bedarfs.

Echtes religiöses Leben kann sich heute nur da entfalten, wo geistige Wesen – Verstorbene, Engel, höhere göttliche Wesen – als existent vorausgesetzt werden. Über das menschlich Soziale hinaus, das heute bisweilen als der Ort des religiösen Ereignisses angesehen wird, sind wir in die Gemeinschaft mit geistigen Wesen hineingestellt. Diese soziale Wirklichkeit im Geistigen ist das eigentliche Feld der Religion.

Selten sind die Augenblicke, in denen die Gegenwart eines höheren Wesens gespürt wird, und gering ist die Anzahl der Menschen, die dabei zwischen guten und unguten Geistern zu unterscheiden vermögen. Können wir auf dem Gebiet innerer Erfahrung hinzulernen und Schritt für Schritt so erüben, daß wir in diesem Bereich sicher werden?

Andacht und *Gebet* sind die beiden Säulen des religiösen Lebens, im Bemühen des Einzelnen so sehr wie im Üben der Gemeinschaft, der zum Gottesdienst versammelten Gemeinde. Andacht – das Erlernen der Ruhe, das Herstellen der rechten Stimmung, der ehrfürchtigen Erwartung.

Im Umgang mit dem *Credo*, mit den Inhalten des Glaubensbekenntnisses wird das Denken gekräftigt, indem es sich auf die wesentlichen Inhalte der großen Weltzusammenhänge, der Heilsgeschichte, konzentriert; Denken wird Andacht.

Das Gebet gehört mehr dem Willensbereich an; im Stoßgebet ringt unser Wille um augenblickliche Erleuchtung, in der Fürbitte suchen wir helfende Kräfte einem anderen Menschen zu vermitteln. Das Gebet ist die Übung des Herzens, Willen und Verstand miteinander zu versöhnen. Das Gebet stärkt die Entschlußkraft des Herzens, die Bereitschaft zum Handeln. Im Umgang mit dem *Vater Unser* lernt der Christ sein Verhalten ausrichten an den göttlichen Zielen, lernt seine kleinen Anliegen an diesem »Meterstecken des Gebetes« – wie Chrysostomos das Vater Unser nannte – messen.

Im Grunde könnten diese beiden Hilfen – Credo und Vater Unser – ausreichen. Doch das Leben ist vielfältig, und nicht immer gelingt es, die Brücke von unseren täglichen Nöten zu den großen Inhalten des erhabenen Vater Unsers oder des weltumspannenden Glaubensbekenntnisses mit seiner sachlichen Sprache zu schlagen. Die verschiedenen Umstände erfordern zunächst eine ihnen angemessene Ausdrucksweise, bis der Anschluß an die überpersönlichen Texte gelingt. So schauen wir auch auf jene Worte, die ehrlich suchende Menschen in ihrer Not und Verzweiflung gefunden haben. So manchem Suchenden wurde Erhörung zuteil. Vermochte er seine Not gültig für viele zu formulieren, so kann er dem, der in ähnlicher Lage ist, zur Seite stehen.

Selbst in der Art des Zurechtfindens in schwierigen Lagen sind wir verschieden. Es gibt Naturen, welche gleich zu den höchsten Gipfeln streben, an ihnen sich orientieren, während andere lieber von Stufe zu Stufe mit weiterführenden Hinweisen vorangehen. Auch sind die Anlässe sehr verschieden, der eine sucht aus schwerer innerer Bedrängnis heraus einen Weg, der andere möchte seinen Dank aus voller Seele anstimmen.

Die vorliegende Sammlung möchte jedem Suchenden anhand der vielfältigen Beispiele zeigen, daß er auf seinem Wege nicht allein ist, daß andere in ähnlicher Lage ihrem Anliegen Ausdruck zu geben vermochten. So kann ihm der Mut wachsen, entweder mit denselben Worten zu beten oder selbst entsprechende Formen für sein Anliegen zu finden. Auch in scheinbar auswegloser Lage ist es immer noch besser, statt untätig abzuwarten, sich der Not bewußt zu sein und die helfenden Mächte hereinzulassen. Letztlich kommt es dann auf die Wahl der Worte weniger an als vielmehr darauf, daß wir unser Anliegen so stark empfinden, so innerlich durchfühlen, bis wir die innere Verbindung mit der Macht spüren, die unser Leben führt. Hält der Beter so lange durch, dann kann es geschehen, daß Gebet und Erhörung miteinander verschmelzen.

In den einzelnen Abschnitten dieses Buches sind die Texte je nach Möglichkeit gestaffelt: Mit einfachen, unmittelbar zum Gemüt sprechenden Formen beginnend, steigert sich mehr und mehr der Inhalt in seiner geistigen Aussagekraft.

Je nach Veranlagung oder Lebenssituation mag sich der Einzelne auswählen, welcher Text ihm am meisten sagt. Nie sollte aber eine Sammlung wie die vorliegende bloß weitergeblättert werden; ihren Sinn wird sie am ehesten finden, wenn einiges Weniges immer wieder durchgegangen und in besinnlicher Ruhe mit dem Herzen aufgenommen wird.

Wer allein ist und außer den hier angeführten Texten nach einer Anleitung zu eigenem religiösen Tun sucht, wird auch die Bibel aufschlagen und sich einen Psalm wählen oder eine Stelle aus den Evangelien oder aus den Briefen der Apostel. Überall da wird Nähe zu Christus vermittelt – und dies darf das höchste Ziel unseres Betens sein: daß wir Ihm näherkommen, so wie er uns sucht und sich uns nähert. Eine starke Führung zur Andacht vermittelt der gemeinsam erlebte Gottesdienst – vorausgesetzt, daß er mit Andacht begangen wird, so wie es beim Feiern der Menschenweihehandlung in der Christengemeinschaft üblich ist. Wer »im stillen Kämmerlein« sich übt, dessen Andachtskraft kommt spürbar dem gemeinsamen Gebet im Gottesdienst zugute. So darf in der Polarität des Einzel- und des Gemeindegebetes die Steigerung gefunden werden, auf die es im religiösen Leben ankommt.

Michaeli 1982 Christoph Rau

I
Besinnung im Tageslauf

Kraft des Betens

Beten ist innere Annäherung zu Gott hin. Die Grundfrage lautet: Will ich mich Gott überhaupt nähern, will ich es wagen, ihm nahezukommen – oder möchte ich lieber Abstand bewahren?

Es gibt heute viele Menschen, die durch Jahre hindurch versucht haben, ohne Gott zu leben. Manch einer hat dabei die Erfahrung gemacht, daß die zunächst empfundene »Freiheit« von früherer Bindung nur eine kurze Phase der Selbständigkeit brachte, daß aber – um nicht in der Negation zu verbleiben – ein neues Suchen nach den aufbauenden Kräften folgte.

Wie kann der heutige Mensch aus ehrlicher Haltung zum Gebet hinfinden?

Sein durch vielerlei Einzeleindrücke zerstückeltes Bewußtsein bedarf der Sammlung. Vorbereitung zum Gebet geschieht durch Ordnen der Eindrücke, durch Besinnung. Erst wenn unser Inneres ruhig geworden ist, kann aus der Stille das Wort des Gebetes aufsteigen, kann die Hinwendung zu einem Übermenschlichen erfolgen.

Verstärkt werden kann die innere Sammlung dadurch, daß wir uns besinnen auf die früheren, die vorangegangenen Stationen unseres Suchens und die Kraft wachrufen, die wir in solchen Stunden der Selbstbesinnung oder des schicksalhaften auf uns Geworfenseins einmal erfühlten. Auf den früheren Erfahrungen aufbauend werden wir sie vorsichtig erweitern und im ruhigen Kraftsammeln schrittweise dem geahnten Ziel näherkommen.

Die lange Übung

Du wirst vielleicht durch lange Übung langsam
Die ersten Zeilen des Gebetes lernen.
Wenn du sie kannst, wird er dich dann entfernen
Aus dem Bereich der leicht gesagten Worte.

Und diese ersten Zeilen des Gebetes
Sind alles, was du mitnimmst auf die Reise.
Sie bleiben die nie aufgezehrte Speise
Für dich an dem von ihm bestimmten Orte.

Du wirst die ersten Zeilen des Gebetes
Mitbringen, wenn du wiederkehrst von drüben,
Und ihrer mächtig wirst du weiter üben –
Und einmal wird Gebet sein ohne Worte.

Ina Seidel

Zuweilen wie Flammen
jagt es durch unseren Leib –
als wäre er verwoben noch mit der Gestirne
Anbeginn.

Wie langsam leuchten wir in Klarheit auf –

O nach wieviel Lichterjahren haben sich unsere
Hände gefaltet zur Bitte –
unsere Kniee sich gesenkt –
und aufgetan sich unsere Seele
zum Dank?

Nelly Sachs

Einer ist es, dessen Gunst wir suchen und zu dem wir flehen müssen, daß er uns gnädig sei: der allmächtige Gott, dessen Gunst durch Frömmigkeit und jegliche Tugend gewonnen wird. Und wie sich der Bewegung eines Körpers die Bewegung seines Schattens anschließt, so folgt auf dieselbe Weise für uns aus der Gunst des allmächtigen Gottes auch die Zuneigung aller der Engel und Seelen und Geister, die ihm teuer sind. Denn diese wissen die Menschen zu erkennen, die sich der Zuneigung Gottes würdig erweisen, und wenden nicht nur ebenfalls den Würdigen ihre Zuneigung zu, sondern wirken auch zusammen mit jenen, die dem allmächtigen Gott dienen wollen, und suchen ihnen seine Gunst zu verschaffen und vereinigen sich mit ihnen in Gebeten und Bitten. Daher wagen wir zu behaupten: Wenn Menschen, die sich mit festem Entschluß das Bessere zum Ziele nehmen, zu Gott beten, dann beten ungezählte Tausende von heiligen Mächten ungerufen mit ihnen. Sie bieten ihre Hilfe an für unser sterbliches Geschlecht und sind mit ihm sozusagen in Angst wegen der Dämonen; denn sie sehen, daß diese mit aller Kraft wider das Heil derer zu Felde ziehen und streiten, die sich Gott ganz weihen und sich um die Feindschaft der Dämonen nicht kümmern. Diese sind ja von wilder Erbitterung über jeden Menschen erfüllt, der sich in Worten um im Tun bemüht, mit dem allmächtigen Gott vertraut und vereinigt zu werden durch Jesus, der die Macht unzähliger Dämonen gebrochen hat, als er auf der Erde wandelte und alle, »die vom Teufel überwältigt waren«, heilte und bekehrte.

Origenes: Gegen Celsus 8,64

BETEN,
das ist stille sein,
stille werden
und ein schweigend Hören:
Gott spricht leise.

Ein dankend
sich der Welt erfreun
heißt beten
und Ja-sagen
zu der Leiden Kraft.
ER mißt auf seine Weise.

Dann erst die Wünsche,
geschwisterlich erzogen
in Sorge um der Brüder Not.
Brot nur für das eigene Bescheiden.

BETEN,
am Morgen,
im Händeheben
zu der Sonne Gruß.
In ihrem Licht fort
durch den Lauf der Stunden.
Am Abend
mit dem Blick hinauf,
wo ER,
in seinem Wort gebunden,

kristallen zu den Seinen spricht.
Knieend schließlich
im leisen Atem einer Kammer,
wissend
um die ewig eine Kraft,
die fern der Tat
und fern dem Lärm
allein der Welt
den Frieden schafft.

Georg Pfarrer

Was ist Gott?

Die wir hierher kamen,
schweigen wir still.
Nennen wir nicht seinen Namen.
Bleiben wir still.
Beten wir still . . .
Wer sagen will,
wer er ist,
muß sein,
der Er ist!
Amen.

aus einer Katharer-Höhle,
übertragen von Otto Rahn

So nimm mein Leben, Herr, und laß das Deine
In mir, eh diese Zeit verweht, beginnen,
Daß unverlöschbar mir ein Licht von innen
Den Weg erhellt mit heiligem Widerscheine.

Was bin ich noch? Es will in mir das Reine,
Das Du gestiftet, stille Macht gewinnen;
Ich fühl das Leben sinken und zerinnen,
Und leise übermächtigst Du das Meine.

Ich bin nichts mehr; ich trage durch die Zeit
Den Hall der Worte, die Dein Mund gesprochen,
Von heiligem Traum für alle Zeit umfangen;

Es sinkt die Welt in Deine Wirklichkeit;
Hat nur das Herz der Bilder Macht gebrochen,
So sind sie bald in Deinem Bild vergangen.

Reinhold Schneider

Gewaltiger, der Du aus Geisterhöhn
auf Deinen armen Sohn der Erde schaust: –
Ich sah!
Und kann nun fürder nimmer leben mehr,
wie ich bisher gelebt.

Erhabenster,
hilf mir auf meinem neuen Lebensweg,
von dem ich nur erst dieses Eine weiß:
Sein ganzer Sinn muß Hilf' und Opfer sein.

Ich sah,
die Augen wurden aufgetan,
die lange erst im Halbschlaf rings geirrt . . .

Christian Morgenstern

Abend und Morgen

Und es ward Abend und es ward Morgen –
ein erster Tag. Genesis 1

Das Einschlafen am Abend ist heute für viele einfach ein Loslassen, Entspannen, oft als »Abschalten« bezeichnet. Solche dem körperlichen Erleben entnommenen Vorstellungen entsprechen nur teilweise dem wirklichen Sachverhalt des Schlafes.

Im Schlaf geht der innere Mensch aus dem Raum der Erdenwelt in ein Reich hinein, das von anderen Gesetzen durchwaltet ist. Wir selbst können die Wirklichkeit des Schlafes daran erleben, daß uns die scharfen Konturen unserer Gedanken kurz vor dem Einschlafen entgleiten; sie verschwimmen, wir verlieren die Herrschaft über sie, sie gehen über in wogende Bilder. Wir tauchen ein in das Meer des Geistes – in jenen Bereich, in dem die Wesen verstorbener Menschen, aber auch die Engel, die Erzengel und noch höhere Geister ihre Daseinsform haben.

Das Abendgebet will diesen Vorgang, der nicht nur ein Loslassen, sondern zugleich Bereitung auf etwas Neues ist, bewußt machen und zu echtem Erleben solcher Geistbegegnung hinführen.

Im Aufwachen kann bei unbefangener Seelenverfassung bemerkt werden, wie der Eindruck einer Welt mit anderen Gesetzen als denen des Tages zurückbleibt. Oft kann das Erwachen wie das Auftauchen aus einem Meer empfunden werden. Dann wird das Augenöffnen dem Vorgang einer

Geburt ähnlich, wie wenn die Menschenseele zum ersten Male das Licht der Welt erblickt. Jeder Sonnenaufgang wird zur Erinnerung an die Schöpfung der Erdenwelt. Der neue Tag – aus dem Licht geboren –, das Licht selbst, dem Schoß der Nacht entbunden, gehen wie neu hervor aus dem Urleben und dem Urwort der allumfassenden Gottheit.
Die ersten Sätze des Johannes-Evangeliums entsprechen diesem Vorgang elementar. Darum sind sie am besten geeignet, unmittelbar nach dem Aufwachen das Zusichkommen des Menschengeistes auf der Erde bewußt zu machen. Auch Goethes Worte vom Anfang des 2. »Faust«-Teiles spiegeln jenes Werden aus dem »Tönen« des Lichtes realistisch wider. Der Tag wird anders verlaufen, wenn wir uns am Morgen auf diesen Ursprung besinnen.

Abend

Du geheimnisreiche
Mutter Nacht,
Keiner hat das gleiche
Je zu dir gebracht.

Nimm auch meine Schale,
nimm sie hin,
daß in ihr erstrahle
Deiner Gottwelt Sinn.

Claus von der Decken

Abendspruch

Kannst dich nicht versenken?
Läßt dich Welt nicht leer?
Kannst dich nicht entlenken
all der Dinge Meer?

Ist in Dem zu ruhen,
draus dein Wesen sprang,
deinen Wanderschuhen
gar kein lieber Gang? –

Wenn der Tag beschlossen,
sei, mein Geist, versenkt,
sei, mein Herz, ergossen
in Den, der dich denkt.

Christian Morgenstern

Der Tag verblutet langsam
aus dem Schnitt
wo des Horizontes Kante
Weltraum öffnet.
In diese leeren Adern
siebt sich Dunkel.
Erstarrter Leib
umarmt von kühler Nacht.
Über dem Toten zünden
stumme Sterne.

Herr – Dein ist der Tag,
ich bin des Tages.

Dag Hammarskjöld

Tagesende,
Seelenwende,
Schweigsamkeit im Innern.

Abendschwelle,
Herzenshelle,
Tönendes Erinnern.

Dora Baker

Abend

Ich trete ein in das Reich des Unsichtbaren.
Die Schwere meines irdischen Leibes,
die wogenden Kräfte meines irdischen Lebens
entlassen mich aus ihrem Halt.
In der Welt, in die ich jetzt gehe,
wirkt auf die Seelen der Menschen
die wachsame Sorge der Engel,
die liebevolle Führung der Erzengel,
die Schöpferkraft der Urbeginne.
Mein Herz trägt in sich viele widerstreitende Gedanken,
doch auch den Gedanken an Christus.
Möge dieser in der Welt des Schlafes zu vollem Sein
erwachsen –
auf daß ich mit Hilfe der Lichtgewalten
Seinen lebendigen Frieden empfange.

Adam Bittleston

Morgen

Ich kehre zurück aus dem Reich des Unsichtbaren
und tauche von neuem ein
in den Strom meines Erdenlebens,
betrete wieder das Haus meines irdischen Leibes.
Ich danke der Welt des Geistes,
die meine Seele getragen hat.
Ich danke der Welt der Erde,
die meinen Leib behütet hat.
Im Licht des Tages
leuchte meiner Seele
das Licht des Christus
auf ihren Erdenwegen.
Sein Leben erfülle mein Herz
in der Begegnung mit anderen Menschen.
Die göttlichen Ziele,
die meine Seele im Schlafe erwärmten,
seien mir durch Christi Hilfe allzeit gegenwärtig
bei allen Taten des Tages.

Adam Bittleston

Am Abend: Heilig ist mir die Nacht,
Da der Mensch in mir
Aufsteigt zu geistigen Sphären:
  Taten-richtend,
  Weisheit-eratmend,
  Schicksal-bereitend.

Am Morgen: Segne mich, leuchtender Tag,
Daß ich den Menschen in mir
Wollend erfühle, vereint mit ihm
Irdisches zu gestalten:
  Seelen-begreifend,
  Weisheit-wirkend,
  Schicksal-erfüllend!

Adolf Arenson

Morgenglanz der Ewigkeit,
Licht vom unerschöpften Lichte,
Schick uns diese Morgenzeit
Deine Strahlen zu Gesichte
Und vertreib durch deine Macht
Unsre Nacht!

Christian Knorr von Rosenroth

Geist der Liebe und der Stärke:
Komm und segne unsre Werke.

Geist der Weisheit und der Wahrheit:
Komm, erfülle uns mit Klarheit!

Geist des Friedens und der Freude:
Schenke uns ein neues Heute!

aus dem Lateinischen, benediktinisch

Aus tiefer Nacht
bin ich erwacht
zu mir.
Aus tiefer Nacht
bin ich erwacht
zu Dir.

Am lichten Tag
fühl' ich Dein Walten –
für mich.
Am lichten Tag
darf ich gestalten –
für Dich!

Johannes Hemleben

Der Sonne Licht,
Es hellt den Tag
Nach finstrer Nacht:
Der Seele Kraft,
Sie ist erwacht
Aus Schlafes Ruh':
Du meine Seele,
Sei dankbar dem Licht,
Es leuchtet in ihm
Des Gottes Macht;
Du meine Seele,
Sei tüchtig zur Tat.

Rudolf Steiner

Im Urbeginne war das Wort, und das Wort war bei Gott, und ein Gott war das Wort.
Dieses war im Urbeginne bei Gott.
Alles ist durch dasselbe geworden, und außer durch dieses ist nichts von dem Enstandenen geworden.
In diesem war das Leben, und das Leben war das Licht der Menschen.
Und das Licht schien in die Finsternis, aber die Finsternis hat es nicht begriffen.

Johannes 1, 1–5 in der Übersetzung von Rudolf Steiner

Weihe der Nacht

Den Schlaf zu finden, ist manchmal ein schwer erfüllbarer Wunsch. Wie eine Epidemie hat sich die Schlaflosigkeit in unserer hektischen und lärmerfüllten Zeit ausgebreitet. Zu den allgemeinen störenden Umständen treten bisweilen persönliche Probleme und unterbewußte Lebenssorgen, die den einzelnen Menschen so sehr mit Gedanken an das Alltägliche ausfüllen, daß er sich davon nicht löst und sich nicht aufschwingt in das Reich, in dem sich die Seele zu erfrischen vermag.

Viel kann in solchen Fällen dem Menschen helfen, wenn er sich klar macht, daß es einen Weltbereich gibt, in dem unsere Nöte gekannt und unsere Schwächen ausgeglichen werden können; daß wir nicht alleingelassen werden und zumindest um Erhellung unserer Gedanken, um eine Durchlichtung unseres Bewußtseins bitten können. Einen solchen Weltbereich betreten wir – vom Leib befreit – in der Nacht. Üben wir uns Abend für Abend in der Vorstellung, daß wir nicht nur in den Schlaf »sinken«, sondern mit unserer Seele aufsteigen dürfen in dieses lichte Dasein, dann werden wir allmählich jene Gelassenheit erlangen, welche uns rechtmäßig – ohne künstliche Mittel – in den Schlaf leitet.

Übungen zum Einschlafen

Sucht man in der Nacht die Schlafesruhe, so würde ich raten, sich womöglich in folgendes Bild einzuleben:
Hier ruhe ich auf meinem Lager; um mich her sind die Wände des Hauses; draußen aber ziehen die Sterne. Über mir sind Sterne, um mich her sind Sterne, unter mir sind auch Sterne; durch die Erde hindurch würde ich sie erblikken, wenn ich die Augen dazu hätte. Die Wände des Hauses und das ganze Haus um mich her vergehen; selbst die Erde vergeht. Was aber in den Sternen lebt, das bleibt. Dem gebe ich mich hin. Ich verteile mich gleichsam ganz auf die Sterne, bis nichts mehr in der Mitte ist und alles draußen bei den Sternen. Mit ihnen ziehe ich nun ihre Bahn, langsam, ruhevoll, feierlich, ewig.

Friedrich Rittelmeyer

Ich schlafe ein. Bis zum Aufwachen wird meine Seele in der geistigen Welt sein. Da wird sie der führenden Wesensmacht meines Erdenlebens begegnen, die in der geistigen Welt vorhanden ist, die mein Haupt umschwebt, da wird sie dem Genius begegnen. Und wenn ich aufwachen werde, werde ich die Begegnung mit dem Genius gehabt haben. Die Flügel meines Genius werden herangeschlagen haben an meine Seele.

Rudolf Steiner

Abendweise

Wunder-voller Hain der Nacht,
Den wir Tag um Tag betreten,
Drinnen Tag um Tag wir beten
Zueinander tief erwacht –

Wölbe Deiner Wipfel Pracht
Über unserm stillen steten
Opfer, aus emporgewehten
Seelenflammen fromm gebracht.

Christian Morgenstern

Mein Herz

Schlaflose Nacht, der Regen rauscht,
Sehr wach ist mir das Herz und lauscht
Zurück bald nach vergangnen Zeiten,
Bald horcht es, wie die künftgen schreiten.

O Herz, dein Lauschen ist nicht gut.
Sei ewig, Herz, und hochgemut!
Da hinten ruft so manche Klage,
Und vorwärts zittert manche Frage.

Wohlan! was sterblich war, sei tot!
Naht Sturm – wohlan! wie einst das Boot
Mit Christus Stürme nicht zerschellten,
So ruht in dir der Herr der Welten.

Nikolaus Lenau

Mitternacht

Um Mitternacht
Hab' ich gewacht
Und aufgeblickt zum Himmel;
Kein Stern vom Sterngewimmel
Hat mir gelacht
Um Mitternacht.

Um Mitternacht
Hab' ich gedacht
Hinaus in dunkle Schranken;
Es hat kein Lichtgedanken
Mir Trost gebracht
Um Mitternacht.

Um Mitternacht
Nahm ich in acht
Die Schläge meines Herzens;
Ein einz'ger Puls des Schmerzens
War angefacht
Um Mitternacht.

Um Mitternacht
Kämpft' ich die Schlacht,
O Menschheit, deiner Leiden,
Und konnte sie nicht scheiden
Mit meiner Macht
Um Mitternacht.

Um Mitternacht
Hab' ich die Macht
In Deine Hand gegeben:
Herr über Tod und Leben,
Du hältst die Wacht
Um Mitternacht!

Friedrich Rückert

In Harmesnächten

Die Rechte streckt ich schmerzlich oft
 In Harmesnächten
Und fühlt gedrückt sie unverhofft
 Von einer Rechten –
Was Gott ist, wird in Ewigkeit
 Kein Mensch ergründen,
Doch will er treu sich allezeit
 Mit uns verbünden.

Conrad Ferdinand Meyer

Die Weihe der Nacht

Nächtliche Stille!
Heilige Fülle,
  Wie von göttlichem Segen schwer,
  Säuselt aus ewiger Ferne daher.

Was da lebte,
  Was aus engem Kreise
Auf ins Weitste strebte,
  Sanft und leise
Sank es in sich selbst zurück
Und quillt auf in unbewußtem Glück.

  Und von allen Sternen nieder
Strömt ein wunderbarer Segen,
  Daß die müden Kräfte wieder
Sich in neuer Frische regen,
  Und aus seinen Finsternissen
Tritt der Herr, so weit er kann,
  Und die Fäden, die zerrissen,
Knüpft er alle wieder an.

Friedrich Hebbel

Wenn ich Dein gedenke auf meinem Lager,
in den Wachen der Nacht,
hege ich Dich in meinem Sinnen.
Denn Hilfe bist Du mir.
Im Schatten Deiner Flügel spüre ich Seligkeit.
Meine Seele hanget Dir an.
Mich hält Deine Rechte.

Psalm 63, 7–9
übersetzt von Rudolf Meyer

Tischgebete

Weithin ist die Sitte, vor der Mahlzeit ein Gebet zu sprechen, in Vergessenheit geraten. Dabei ist das Tischgebet eine besonders schöne Gelegenheit zum gemeinsamen Gebet und dazu eine wesentliche und wertvolle Hilfe im Bemühen um die Durchlichtung des leiblichen Daseins, im Sinne von Goethes Tagebuch-Eintrag: »Möge die Idee des Reinen, die sich bis auf den Bissen erstreckt, den ich in den Mund nehme, immer lichter in mir werden.«

Bevor ich meine Hände erhebe,
um mich gütlich zu tun am Ertrage der Welt,
am Anfang von Schrecken und Furcht,
am Ort der Bedrängnis und Öde,
will ich Ihn preisen,
das Wunderbare bekennend;
Seine Macht will ich bedenken
und auf Seine Gnadenerweise mich stützen
den ganzen Tag.

Aus der Ordensregel der Essener (X, 15 f.)

Alle gute Gabe
und alle vollkommene Gabe
kommt von oben herab,
von dem Vater des Lebens,
bei dem kein Wechsel ist
des Lichts und der Finsternis.

Jakobusbrief Kap. 1, 17

Segne, Herr, die Gaben unsrer Erde,
daß sie Deine Christus-Erde werde.

Claus von der Decken

Licht formte unser Brot auf Erden,
dem Wort entstammt der Seele Werden.
O ewig Licht, o ewig Wort:
in unsern Herzen wirket fort!

Adam Bittleston

Im Vergehen wie im Werden
kreist das Leben hier auf Erden
auf dem schöpferischen Grunde,
der uns trägt zu dieser Stunde,
da im Trank und in den Speisen
wir in uns erneu'n solch Kreisen.

Hans Soeder

Das Mahl ist Gottes Brot und Wein,
es wuchs im Himmel und auf Erden.
Als Opfer geht es in uns ein,
um unser Fleisch und Blut zu werden.
Wir nehmen dieses Opfer hin
voll Dankbarkeit in Gottes Namen
und wissen: sein verborgner Sinn
ist unsres Wesens Wachstum – Amen.

Artur Schult

Du nahest uns im Brot,
Du nahst in Wasser, Luft und Licht.
O gib, daß wir es täglich reiner schauen,
Wie Götterkräfte unsern Leib erbauen,
Daß dankend unsre Hand es bricht,
Daß unser Mund es wissend spricht:
Du nahest uns im Brot,
Du nahst in Wasser, Luft und Licht.

Martin Rothe

Tischgebet

Es keimen die Pflanzen in der Erdennacht,
Es sprossen die Kräuter durch der Luft Gewalt,
Es reifen die Früchte durch der Sonne Macht.

So keimet die Seele in des Herzens Schrein,
So sprosset des Geistes Macht im Licht der Welt,
So reifet des Menschen Kraft in Gottes Schein.

Rudolf Steiner

Abend – Tischsprüche

für die Tage der Woche*

Sonntag: Der Du waltest über den Sternen,
Verleihe uns Würde aus Himmelsfernen,
In Andacht zu nehmen,
Was die Erde uns gibt
Uns zur Erkraftung!

Helene Ganster

Montag: Du bist die Quelle des Lebens,
und in Deinem Licht
sehen wir das Licht.

aus Psalm 36

Dienstag: Stärk uns, im Streite
standhaft zu stehen,
gib uns in Gnaden
das tägliche Brot.

Sophie Michaelis

Mittwoch: Herr, Du gehest an uns vorüber,
ehe wir es gewahr werden.
Du verwandelst Dich,
ehe wir es merken.

aus dem Buch Hiob

* ausgewählt von Sophie Michaelis

Donnerstag: Der Du Deine Wolken auftust
und lässest Deine Tropfen fallen:
Wirke in uns
das Wunder der Wandlung,
daß Deine Erde
die Wasser des Lebens empfange
und ihre Gestalt sich erneure.

Sophie Michaelis

Freitag: Du wohnest im Verborgenen
und erfüllest alle Deine Geschöpfe
und wirkest und waltest
alles in allem
und offenbarest Dich
in Zartheit und Schöne.

Sophie Michaelis

Samstag: O Du Feuer, o Du Licht,
hilf mir, daß im dunklen Hause
Licht von Deinem Licht erscheine,
alle Finsternis sich helle,
Deine Wärme es durchglühe,
O Du Feuer, o Du Licht!

Sophie Michaelis

II

Die Feste im Jahreslauf

Advent – Weihnacht – Epiphanias

Durch Deine Leuchte sind,
seit Du kamst,
die Schatten tiefer und schreckhafter geworden.
Aber Deinem Licht müssen sie weichen,
und alles wird hell sein.
Darum rufen wir: Maran atha! Otto Bruder

Die Adventswochen führen als eine Zeit der Stille hin auf das Fest der Christgeburt. Mit der Herabkunft des Gottessohnes ist ein neues Licht über der Erdenwelt aufgegangen. Sich besinnen auf den Ursprung im Licht bedeutet zugleich ein Gewahren der irdischen Verfinsterung des Menschenwesens. In Freiheit ist Christus dem Menschen in das Erdendunkel nachgestiegen, um ihn wieder mit dem Licht zu vereinen.
Zugleich schauen wir heute auf die Wiederkunft Christi, die uns einen neuen »Advent« in Seiner lebendigen Gegenwart schenkt. Wie Saulus vor Damaskus eine Wiedergeburt in der Begegnung mit dem übersinnlich gegenwärtigen Christus erfuhr, so kann uns aus dem freudigen Gewahrwerden, daß Er auch uns nahe sein will, die Neugeburt von innen zuteil werden.

Du Licht vom Osten, stilles Leuchtebild,
das sanft erstrahlend durch das Dunkel webt,
erhellest nur, was vor der Wahrheit gilt
und sich durchlichtend Dir entgegenhebt,
aus Deinen Weltenzielen heilig handelt,
sich selbst in reiner Weihetat verwandelt.
Laß uns von Deinem Lebenslichte kosten,
Du Leuchteschein, Du sanfter Glanz vom Osten.

Alfred Schütze

Hebe dich auf,
meine Seele,
der Himmel verkündet
die Ankunft
wie ehedem;
und da, wo es mündet,
das Wort,
dort,
meine Seele,
ist Bethlehem.

Hanns Gottschalk

Advent

Vergib uns, Christ, wenn Deiner Lichtesfülle
nur selt'ner Strahl von hier entgegenbricht,
im großen Jubel klanggeword'ner Stille
nur schwach ertönt, was aus uns selber spricht.
Die frommen Hirten auf den weißen Feldern,
noch ganz durchwirkt von Deinem Himmelslicht,
sie kannten unsre Finsternisse nicht.

O nimm den Strahl, aus Erdennot geboren,
die blassen Klänge aus den Tiefen an.
Halt off'ner noch den Spalt von Deinen Toren,
daß uns das Wunder immer finden kann
im unbekannten Durchgang des Advent;
daß menscheneigen werde, irgendwann,
was jede Weihnacht ahnungsvoll begann.

Rosel van Grootheest

Schweiget und ruhet von euren Geschäften,
von euren Sorgen und von euren Träumen,
schweiget und höret das Wort der Stille,
höret das Wort der Nacht.

Sehet das Zeichen der Güte Gottes:
Die Sonne kehret wieder.
Die Mitte der Nacht ist der Anfang des Tages.
Die Mitte der Not ist der Anbruch des Lichts.

Achtet die Weihe der Heiligen Nächte:
Gott ist's, der das Dunkel durchbricht.
Vernehmet das Zeichen, vernehmet den Ruf.
Gottes Glanz will wiederkehren.
Die Nacht der Weltzeit
steht zwischen den Tagen der Ewigkeit.
Schweiget und ruht.

Wilhelm Thomas

Achte der Pausen, der kleinen,
die unversehens das Schicksal
oft dir gewähret,
es kommt
einst auch Der Kommende so.

Friedrich Doldinger

Ein kurzes Weihnachtsgebet

Komm, Kind, in unsre Herzen
und still den Sturm,
den unsere Selbstsucht
dort entfesselt hat,
und webe neu das Gewebe
der Menschheit
aus Deinem Leben, Deinem Lichte,
aus Deinem Liebesfeuer.

Adam Bittleston

Weihnachten

Über stürmische Meere,
durch weite Wälder,
über kahle Berge
kommen Menschenseelen
zu Dir, o Christus,
geführt von unstillbarem Hunger,
geführt von Durst nach dem Licht,
geführt von trostloser Not.
Der Sang der Engel
wies den Hirten
in ihrer stillen Armut
den Weg zu dem Kinde.

Der Glanz des Sternes
zeigte den Königen
in ihrer alten Weisheit
den Weg zu dem Kinde.

Möge das Kind in uns folgen dem Wege
dorthin, wo der Lärm der Maschinen verstummt,
wo das Trugbild der toten Lettern sich auflöst,
wo die erlöste Natur frohlockt
über den Christus,
der unsere Seelen erweckt.

Wo man Ihn nicht sieht –
dort wollen wir beginnen,
Sein Licht zu zeigen.
Wo man Ihn nicht hört –
dort wollen wir beginnen,
Sein Wort zu sprechen.
Mögen wir in Menschenseelen
den Willen finden, welcher furchtlos
Seinen Weltenwillen sucht.

Adam Bittleston

Weihe-Nacht

Die Du nahest im Osten,
aller Ahnung-vollen Aufgänge Mutter,
Sonne,
und trägst auf rosenduftenden Schwingen
der Ungeborenen Hoffnungsträume!
Dich fühlet unserer Herzen
schweigende Erwartungsstille.

Der Du strahlest im Osten,
aller siegreichen Schöpfungen König,
Heiland,
und rufest mit dem muterweckenden Worte
der Erdgeborenen Schaffenskräfte!
Dir rauschet unseres Blutes
jubelnde Tatenliebe.

Das Du spielest im Osten,
aller Schönheit-schenkenden Vollendungen Kind,
Geist der Weihe,
und beglückest aus der Erinnerungen Schatzhaus
der Gestorbenen Weisheits-Sinn!
Dich glaubet unseres Prüfungsernstes
reinigende Gnadenmacht.

Friedrich Doldinger

Weltenwende

Gekommen in die Nacht
der Welt ist Gottes Licht;
wir sind daran erwacht
und schlummern fürder nicht.
Wir schlummern fürder nicht
den Weltbetäubungsschlummer,
wir blicken, wach im Licht,
aufs Nachtgraun ohne Kummer.
Wo ist der Nächte Graun?
Es ist vom Licht bezwungen;
wir blicken mit Vertraun
ins Licht, vom Licht durchdrungen.
Daß wir durchdrungen sind
vom Lichte, dem wir dienen,
wir zeigens dem Gesind
der Nacht an unsern Mienen.
In hellen Mienen macht
sich kund die Kraft des Herrn,
Und wer nicht in der Nacht
kann leuchten, ist kein Stern.

Friedrich Rückert

Licht ist Liebe

Licht ist Liebe... Sonnen-Weben
Liebes-Strahlung einer Welt
schöpferischer Wesenheiten –

die durch unerhörte Zeiten
uns an ihrem Herzen hält,
und die uns zuletzt gegeben

ihren höchsten Geist in eines
Menschen Hülle während dreier
Jahre: da Er kam in Seines

Vaters Erbteil – nun der Erde
innerlichstes Himmelsfeuer:
daß auch sie einst Sonne werde.

Christian Morgenstern

Drei sind der heiligen Ziele des Lebens:

Das Finden des Aufgangs
   in allen Dingen!
Ein Walten in Kraft,
   solange es Zeit ist zu wirken!
Und das Bereitsein
   nach Gottes Ratschluß und Wink!

Friedrich Doldinger

Drei Könige

Drei Könige, als Helfer aufgerufen,
Sind euch Begleiter, welche Wege weisen
In's Weltenall, zu immer höhern Stufen
Und tieferen, zu Seeleninnenreisen.
Und stünden sie vor eurem Blick auch fern,
Wißt nur, die Erde wird ein neuer Stern.

Ein Goldgestirn, so wie das Kind gewesen,
Zu dem sie die Geschenke hingetragen,
Damit die Heiligtümer nicht verwesen,
Die stets verborgen in den Tempeln lagen.
Wer rettet sie? Der Gott, der Tod – verwandt
Auf Erden ward. Den haben sie erkannt.

Ihr bringt dem Christus Weihrauch, Gold und Myrrhen,
Daß er zu Geistesgaben sie verwende.
Ihr neigt das Haupt und werdet nicht mehr irren.
Ihr kreuzt vor eurer Brust die beiden Hände
Und fühlt so fromm. Ihr sinkt auf eure Knie,
Und wer von euch geführt wird, der fällt nie.

Und ging er nach dem Tode mit Dämonen,
Er findet seinen Weg zu Engelssphären,
Und auch wenn er im Chaos müßte wohnen,
Würd er den Himmel aus sich selbst gebären.
Denn Kaspar, Melchior und Balthasar
Sind in euch selber, gut und schön und wahr.

Albert Steffen

Februar

Er, der einst wandelte
auf den Wegen von Galiläa
und auf den Straßen von Jerusalem,
Er ist zu uns gekommen
überall auf Erden,
auch wenn unsre Augen Ihn nicht sehen.
Er fühlt den Menschenschmerz,
Er leidet Menschenhaß,
Er atmet Menschenhoffnung.
Er sucht sich Jünger,
die auf das vertraun,
was sichtbar wird,
wenn das Herzenslicht sich öffnet.

Mögen wir aus Seiner Hand
das Leben empfangen, das
die Gnade in der Seele bewahrt.
Möge Er in unserem Gewissen sprechen,
wenn wir beginnen unser Tun.

Er sei unser Hirte,
wenn wir in den Stunden der Nacht
im Geistgebiet wandeln.

Adam Bittleston

Passion und Ostern

So webt sich in die Vorosterwochen etwas hinein vom Geheimnis des Mit-Christus-Sterbens, damit dann am Osterfest das Geheimnis des Mit-Christus-Auferstehens die Seele berühren und erfüllen kann.

Emil Bock

Der Engel am Grabe

Aus seliger Kindheit steigt eine Erinnerung auf, die einem sagt, daß Ostern nur ein Morgen sein kann. Der Morgen, dem die Nacht des Grabes vorangeht. Nur aus einem Grab kann Auferstehung erfolgen.

Früher hat man gemeint, dieses Grab gäbe es nur auf dem Friedhof; Ostern wäre etwas, das eigentlich erst nach dem Tode in Frage käme. Heute sehen wir, daß wir überall an Gräbern stehen. Daß, wenn wir dem Lebensvorgang selbst auf den Grund gehen, wir auf das Grab stoßen. Das Göttliche stirbt in das Irdische hinein – das ist die entscheidende Tatsache, die allem Lebendigen zugrunde liegt.

Haben wir den Mut, zu diesem Grabe zu gehen, in dieses Grab zu blicken, wie jene Frauen, jene Jünger am ersten Ostermorgen, dann überschreiten wir die Grenze des Grabes. Leise wird unsere Seele angerührt von dem Flügelschlage einer anderen Welt.

Der Engel am Grabe – mag er dem heutigen Bewußtsein zunächst ferne sein –, in einer tieferen Wirklichkeit ist er durchaus empfunden und erlebt worden. Ist er es gewesen, der durch Jahrhunderte, in denen ein Verständnis der Auferstehung nicht möglich war, die Ahnung derselben in der gläubigen Seele aufrechterhalten hat?
Heute aber will er durch die Schleier einer nur geahnten Wahrheit in die Wirklichkeit selbst führen, in die Geistwebewelt des Auferstandenen.

Johannes Perthel

Endlich weiß ich, was ich spürte
in der Winternacht,
als an meine Seele rührte
jene sanfte Macht,
oftmals war es wie ein Ton,
oftmals wie ein Licht,
Botschaft von dem Sonnensohn,
ich verstand sie nicht.

Seit ich in dem Frühling steh'
und der lichten Blüte
in das offne Auge seh',
weiß es mein Gemüte:
Mit dem Geiste, mit den Sinnen,
find ich Dich, o Christ,
weil Du draußen, weil Du drinnen
immer Liebe bist.

Albert Steffen

Christus –
bist Du nachgegangen denen,
die der Vater Dir gegeben,
daß Du sie im Reich des Todes
einest Deinem ew'gen Leben?
Weck' nun auch in ihren Herzen
gnadevoll die Kraft der Liebe,
daß die Dir vertraute Menschheit
schlimmrem Tode nicht erliege:
dem – des Lebens ohne Liebe.

Ilse Schmäche

Das leere Grab

ein grab greift
tiefer
als die gräber
gruben

denn ungeheuer
ist der vorsprung tod

am tiefsten
greift
das grab das selbst
den tod begrub

denn ungeheuer
ist der vorsprung leben

Kurt Marti

Saat

Ins Erdreich gesät
Christus
Der stirbt und aufersteht
Gott und Mensch
In Gestalt
Übt er Gewalt

Otto Bruder

Du hebst die Hände, fluchest deinem Stern –
siehst du die angenagelten des Herrn?

Du läßt sie sinken, mutlos vor dem Bösen –
siehst du, wie sie den Christ vom Kreuze lösen?

Du faltest sie und fragst: Was soll ich tun –
siehst du den Heiland in dem Grabe ruhn?

Reg sie zu deiner Brüder Wohlergehn –
dann siehst du den Erlöser auferstehn.

Albert Steffen

Ich hebe Dir mein Herz empor
als rechte Gralesschale,
das all sein Blut im Durst verlor
nach Deinem reinen Mahle,
o CHRIST!

O füll es neu bis an den Rand
mit Deines Blutes Rosenbrand,
daß: DEN fortan ich trage
durch Erdennächt' und -tage,
DU bist!

Christian Morgenstern

Er

Es leuchten Seine Augen in den Sternen,
im Kelch der Rose sehe ich Sein Blut.
Sein Körper strahlt im ew'gen Schnee der Firne,
im Regen schau' ich Seiner Tränen Flut.

Ich seh' Sein Angesicht in jeder Blume,
der Donner und der Nachtigallen Ruf
sind Seine Stimme. – Und der Felsen Mauern
Schriftzeichen sind es, die Sein Griffel schuf.

Sein Fuß hat alle Pfade ausgetreten.
Es pocht Sein Herz in wilder Wogen Schaum.
Ein jeder Strauch trägt Seine Dornenkrone
und Seines Kreuzes Holz ist jeder Baum.

Irischer Soldat
(1918 vor dem Kriegsgericht erschossen)

Die Menschheit sieht heute mehr auf das Vergangene als auf das Werdende.
Die Freude am Erkennen der Welt darf nicht in den Qualen des Leibes untergehen.
Vergiss nicht über dem Kreuz die Auferstehung.
Folge dem Geist, der ungeboren und unsterblich lebt, und nicht dem Körper, der schon im Mutterleibe den Sterbekeim in sich trägt.

Lehne dich auf gegen Alp, Verzweiflung und Tod.

Schmerz soll niemals der Sieg der Materie sein, sondern immer ihre Niederlage.

Hinaus noch in diesem Leben aus dem Leibe, der dich niederzieht, hinauf in das Blau des Himmels, in Sonnen-Auf- und Untergänge, zu den Gestirnen empor.

Seit der Auferstandene im Äther lebt, können dich die Farben tragen.

Überall entsteigt Christus den Elementen. Mit der Hebekraft, womit er den Stein vom Grabe wälzt, stütze deinen Körper. Mit der Lichtgewalt, womit er die Pflanzen durchströmt, erneuere dein Leben. Mit der Himmelsluft, womit er dir Gedanken schickt, Schmetterlingen gleich, erfülle deine Worte.

Führe dein Ich vom Fels zum Wald, zur Wolke, bis zur Sonne hinauf, indem du es formst, dichtest, wandelst und läuterst. Schau mit dem Sternenauge auf dein Schicksal hinunter.

Was du zwischen Geburt und Tod verfehlt hast, wirst du zwischen Tod und Geburt wiederfinden. Such es schon im Erdensein auf und mach es für das Himmelsleben gut. Sonst bist du noch kein Jünger des Auferstandenen.

Albert Steffen

Ostern

Überall steigt Christus aus der Erde!
Siehe seine weisende Gebärde
in den Farben, Lüften, Wolken, Steinen
leuchtend, tönend, sprechend, liebend scheinen.

Wie der Stein ihn aus dem Grab gebärt,
wie die Wolke ihn gen Himmel fährt,
wie die Lüfte seine Worte sagen,
wie die Farben seine Blicke tragen!

Heb dich, Mensch, empor von deinem Fall!
Auf dem Regenbogen steig ins All,
Mondessichel faß und Sonnenscheibe!
Bau damit an deinem Sterbeleibe!

Albert Steffen

Ostern

Durch Seines Denkens Kraft
  ist alles Gott-Vergessen,
durch Seiner Liebe Macht
  der Abscheu vor dem Guten,
durch Seines Lebens Reinheit
  die Bitternis des Todes
überwunden in den Tiefen der Erde.

Nicht länger ohne Sinn
  vergeht hinfort die Zeit,
in unserm Herzschlag wird
  lebendig Seine Gnade,
in unserm Erdenhaus
  geht Oster-Atem aus und ein,
voll Wonne, heilend unser Blut.

Du hast erneuert unser Sein,
  da es von Gott
den langen Abstieg machte
  in das Dunkel;
als unsterblicher Bruder
  hast Du in eins versammelt
die Erdenwanderer.

Adam Bittleston

Ostersequenz

Aufglänzt
Der gottgeschaffene Tag!
Er macht die Todesnacht
Zunichte;
In seinem Schein
Erscheint der Sieger
Leibhaft den Liebenden:

Erst seiner Mutter,
Nun seinen Jüngern,
Und kündet das Wort
Und öffnet die Herzen.
Alles Verschlossene
Sprengt er auf.

Dem graberstandenen
Heiland huldigt
Geheilt, geheiligt
Rings die Natur.
Verjüngt erwachen
Aus Winterstarre
Saaten und Blüten;
Schwärme von Vögeln
Schmettern ihr Lied.

Das sich beim Kreuzestod verfinstert,
Das Antlitz der Sonne, des Monds
Lichtet sich glorreich.
Die Erde, die tief
In den Festen gewankt,
Da man den Leichnam
Ihr in den Schoß gesenkt,
Grüßt den Erstandnen
Mit grünen Reisern.

Erfüllt den Ostertag
Ihr alle mit Jubel:
Den Weg des Lebens
Hat Christ uns eröffnet!
Ihr Meere und Länder,
Ihr Sterne – frohlockt!
Himmlische Chöre –
Stimmt ein!
Aller Geschöpfe Lobgesang
Schwinge empor sich zu Gott!

Notker der Stammler

Qui resurrexit

In tausend Bildern hab ich Ihn gesehn
Als Weltenrichter, zornig und erhaben,
als Dorngekrönten, als Madonnenknaben –
doch keines wollte ganz in mir bestehn.

Jetzt fühl ich, daß nur eines gültig ist:
Wie sich dem Meister Mathis Er gezeigt –
doch nicht der Fahle, der zum Tod sich neigt –
der Lichtumflossne: dieser ist der Christ.

Nicht Menschenkunst allein hat so gemalt:
Dem Grabesdunkel schwerelos entschwebend,
das Haupt mit goldnem Leuchten rings
umwebend.

Von allen Farben geisterhaft umstrahlt,
noch immer Wesen, dennoch grenzenlos,
fährt Gottes Sohn empor zu Gottes Schoß.

Albrecht Haushofer

Himmelfahrt und Pfingsten

So wie in der äußeren Welt die Luft nur, wenn sie erwärmt wird, emporsteigt, so ist es auch in unserem Inneren. Wenn unsere Seele sich nicht erwärmt, so steigt sie nicht. Und das Mittel, den Seelengrund zu erwärmen, so daß die Seele ihre Himmelfahrt vollziehen kann, ist das Gebet.

Emil Bock

Nimmt man die Evangelienberichte über das Erscheinen des Auferstandenen ernst, so fand bereits in den Wochen nach Ostern eine wiederholte Himmelfahrt statt durch die Abschiede, die der Auferstandene von den Jüngern nahm. Sein Kommen und Gehen während jener Zeit ist dem Entstehen und Vergehen einer Wolke vergleichbar: Sichtbarkeit, die auf irdische Dichte weitgehend verzichtet, aber dabei doch in Erscheinung tritt, ein fortwährend erneuertes Geborenwerden von oben her.

Pfingsten bringt das Erlebnis einer künftigen Seinsweise: nach dem Erfahren inneren Aufschwunges ergreift die vom Geist Christi Berührten eine alles Enge überformende Liebe, die eine neue Gemeinschaft jenseits aller konfessionellen Schranken und aller Sprachgrenzen heranbildet.

Himmelfahrt

Die Wolken empfangen
den Auferstandenen,
daß Er regiere
das Leben der Welt.

Wir suchen die Spuren
Seines Erdenseins,
wo Wasser offenbaren
des Geistes Gnade.

Bewegte Luft
und Vogelruf
verkünden, daß Er
im Lichte waltet.

Und Blüten ahnen
die Liebesflammen,
sie sendet Er als Boten.

Bestärke die Liebe
von Mensch zu Mensch,
Du Geber des Brotes,
Du Spender des Weines!

Auf daß zu der Welt,
die Du erfüllst
als Geistes-Sonne,
wir unser Schauen erheben.

Adam Bittleston

Urchristliches Mysterium

Ob ihr im Weltstreit steht, ob in Nächten banget,
Nimmer sollt ihr des Trösters Gruß vergessen.
Raunt ihn von Mund zu Mund: »Das Geheimnis Dessen,
Der da zwischen Himmel und Erde hanget,
Sei mit Euch!«

Denket der Wasser, wie sie zum Äther streben:
Weltenodem entringt sie der Erdenschwere,
Daß er sie läutere, selig im Licht verkläre,
Bis sie, zur Wolke geballt, über Äckern schweben,
Erde-geneigt.

Ja, in die Wolke barg sich der Himmelsgesandte,
Er, der ins Dunkel prägte die leuchtenden Spuren –
Hirte der Irrenden, Gärtner der keimenden Fluren,
Da er am Lichtkreuz sich liebend zur Erde bekannte,
Sieger im Tod.

Ob aus der Wolke den kühlenden Tau ihr empfanget
Oder den zündenden Blitz – nie sollt ihr vergessen,
Was einst der Tröster sprach: »Das Geheimnis Dessen,
Der da zwischen Himmel und Erde hanget,
Sei mit euch!«

Rudolf Meyer

Der Wolkendurchleuchter:
Er durchleuchte,
Er durchsonne,
Er durchglühe,
Er durchwärme
   Auch uns.

Rudolf Steiner

Pfingsten

Du wächst so still wie das Kleid
der Erde im Frühjahr; bist weit
vor Stern und Tage entglommen.
Es fährt ein Wind übers Feld,
fährt über die ganze Welt;
wer weiß, von wannen er kommen?

Du wohnst in den Schmerzen als Schmerz,
bedrängst unser innerstes Herz,
Du bittest aus unsern Gebärden.
Und wenn Du uns sterben heißt,
so läßt Du uns, Heiliger Geist,
von neuem geboren werden.

Lotte Denkhaus

Pfingstgebet

O werft, ihr Himmlischen, die Feuerbrände
In unser Herz, das finster, tot und kalt,
Und laßt in Flammen sinken Trennungswände
Durch eure heilsam schaffende Gewalt!

Zum Ursprung wendet wieder unsre Herzen,
So wie die Flamme uns nach oben weist.
Der Altar ist in uns, wir sind die Kerzen,
Komm, und entzünde uns, Du heiliger Geist!

Hermann Fackler

Atme in mir, Du Heiliger Geist, daß ich
Heiliges denke.
Treibe mich, Du Heiliger Geist, daß ich
Heiliges tue.
Locke mich, Du Heiliger Geist, daß ich
Heiliges liebe.
Stärke mich, Du Heiliger Geist, daß ich
Heiliges hüte.
Hüte mich, Du Heiliger Geist, daß ich
das Heilige nimmer verliere.

Augustinus zugeschrieben

Sequenz an den Heiligen Geist

Alles durchdringst du,
die Höhen – die Tiefen
und jeglichen Abgrund.
Du bauest und bindest alles.

Durch dich träufeln die Wolken,
regt ihre Schwingen die Luft.
Durch dich birgt Wasser das harte Gestein,
sprudeln die Quellen
und sproßt aus der Erde frisches Grün.

Du auch führest den Geist.
Ins Weite dringt deine Botschaft.
Du webest Weisheit durch ihn
und mit der Weisheit die Freude.

Hildegard von Bingen

Hymne

Abglanz der Vaterherrlichkeit,
Vom Urlicht Licht Verströmender,
Des Lichtes Licht, des Leuchtens Quell,
Als Tag den Tag Durchleuchtender,
Du wahre Sonne, neige dich,
An ewigem Glanze übervoll
Und gieß des Heiligen Geistes Flut
Tief ein in unsrer Sinne Kelch.

Ambrosius von Mailand

Pfingsthymnus

Komm, heil'ger Geist, du schaffender,
komm, deine Seelen suche heim.
Mit Gnadenfülle segne sie,
die Brust, die du erschaffen hast.

Du heißest Tröster, Paraklet,
des höchsten Gottes Hochgeschenk,
lebend'ger Quell und Liebesglut
und Salbung heil'ger Geisteskraft.

Du siebenfalt'ger Gabenschatz,
du Finger Gottes rechter Hand,
von Ihm versprochen und geschickt
der Kehle Stimm' und Rede gibst.

Den Sinnen zünde Lichter an,
dem Herzen frohe Mutigkeit,
daß wir im Körper Wandelnden
bereit zum Handeln sei'n, zum Kampf.

Den Feind bedränge – treib ihn fort,
daß wir des Friedens uns erfreun
und so an deiner Führerhand
dem Schaden überall entgehn.

Vom Vater uns Erkenntnis gib,
Erkenntnis auch vom Sohn zugleich,

uns, die dem beiderseit'gen Geist
zu allen Zeiten gläubig flehn.

Darum sei Gott dem Vater Preis,
dem Sohne, der vom Tod erstand –
dem Paraklet, dem Wirkenden
von Ewigkeit zu Ewigkeit.

»Veni creator spiritus« des Rhabanus Maurus,
übersetzt von Goethe

Johanni-Sommer

Die Menschheit ist gleichsam der höhere Sinn unseres Planeten, das Auge, das er gen Himmel hebt, der Nerv, der dieses Glied mit der oberen Welt verknüpft.

Novalis

Johanni-Zeit – hohe Zeit des Jahres. Die Menschenseele öffnet sich weit dem Licht der strahlenden Sonne. Im Glücksgefühl des Erlebens der hoch-zeitlichen Natur ahnt sie die Bruderseele in ähnlichen Empfindungen und fühlt mit Sicherheit: Du bist nicht allein, deine Menschlichkeit eint sich mit der von Brüdern. Bloße Natur, auch in ihren schönsten Momenten, wäre ungenügend. Erde braucht Menschheit, um vollkommen sein zu können. Die »Menschensaat« wächst auf dem Erdengrunde durch das Licht, das tiefer dringt als alle äußere Sonnenkraft: Das Christus-Licht läßt reifen, was in Menschenseelen keimt.

Ekbert Lasch

Hymnus auf die Geburt Johannes des Täufers

Hehrer Herold, Heiliger Du und Rufer,
Holder Freund und Brautführer des ew'gen Königs,
Stimme, die mit Macht zu Gott gerufen:
  Bahnet die Pfade!

Deine Hand, sie zeigte uns den Erretter,
Der gesühnet aller Welt Verschulden,
Gottes Lamm, das opferwillig duldet,
  Welt zu erlösen.

Du vernahmst die Stimme des Weltenvaters,
Sahst den Heilgen Geist die Flügel breiten,
Als Dir zukam, in des Jordans Wellen
  Christus zu taufen.

Du, der fackelgleich die Welt erleuchtet,
Engelhafter Zeuge, Zierde des Elia,
Dein Erscheinen ehre unser Lobpreis
  Heute und immer.

Rhabanus Maurus
übersetzt von Christoph Rau

Der Säemann

Durch die Nächte
der irdischen Völker
schreitet, im Antlitz
Weltalls-Weihe,
langsam ein Säemann.

In weitem Schwunge
wirft er die Runden
goldener Körner
über die dunklen
Äcker der Menschheit.

Und aus den Schollen
schießen Ähren
goldfackelköpfig
flammende Säulen
Nachtsonnenfeuer.

Fern im Dunkel
schwindet der Genius –
der Völker Nächte
mit goldenen Würfen
weiter durchsegnend.

Christian Morgenstern

Er muß wachsen

Ich pflüg' im Osten –
und Christus lebt in mir
als Weltenneubeginn.

Ich denk' im Westen –
und Christus lebt in mir
als Weltgelassenheit.

Ich rast' im Süden –
und Christus lebt in mir
als Welteninnigkeit.

Ich wach' im Norden –
und Christus lebt in mir
als Weltenlicht.

Friedrich Doldinger

Ich geh durch rote Äcker:
Es schläft der Keim.
Ich geh durch grüne Saaten:
Es sproßt der Halm.
Ich geh durch goldne Felder:
Es reift das Korn.
Ich find den Müller
und der Müller spricht:
Die Erde ist das Angesicht
des Menschensohnes.
Und »wer mein Brot verzehrt,
der setzt den Fuß auf mich«.
Ich kniee nieder,
und er reicht die Speise,
daß ich mich sättige
auf meiner Erden-Reise.

Albert Steffen

Christ

Ich bin die Saat. Die Erde ist mein Kleid.
Ich sprosse, wachs empor, dem Licht geweiht.

Ich bin das Korn. Wenn hoch die Halme stehn,
seh ich den Schnitter durch die Felder gehn.

Ich bin das Brot. Wer mich in Liebe bricht,
dem leuchtet auch im Tode das Lebenslicht.

Dora Baker

Michaelszeit – Herbst

Wenn du aus dir verjagst die Sünd und ihr Getümmel,
so wirft Sankt Michael den Drachen aus dem Himmel. Angelus Silesius

Der Widersacher hatte den Menschen zum Aufstand gegen Gott aufgerufen im Zeichen des Wortes »ihr werdet sein wie Gott«. Dieses Ideal hat er Gott gestohlen; denn die Gott-Ebenbildlichkeit war dem Menschen vom Urbeginn an von seinem Schöpfer zugedacht. Luzifer weckte das in den Tiefen des Menschenwesens schlummernde Hoch-Ziel vorzeitig auf und verfälschte es zu Selbstüberhebung. So kam das Zerrbild einer Gottähnlichkeit zustande, bei welcher es dem Menschen nun immer mehr »bange wird«. Auf die Überhebung folgt dann Verzagtheit und Selbstverwerfung. Da kommt uns der Name Michael – »wer ist wie Gott?« – als ein Anruf zum Mut-Fassen. Michael führt uns auf zeitgemäße Weise zu dem Christus, der sich des Gotteszieles wieder annimmt, das vom Widersacher mißbraucht und dadurch diskreditiert wurde. Er allein kann es wahr machen: »Ihr seid Götter« (Joh. 10,34). Das Heil, wie wir es im Michael-Lichte verstehen, liegt nicht im Zurückweichen, sondern im *wahren* Fortschreiten. Der Mensch ist zu Gewaltigem berufen. Aber er erreicht es nur im Anschluß an Christus und sein Opfer.

Rudolf Frieling

Von Deinem Bild fühl' ich mich mächtig angezogen,
Sankt Michael, Du Sonnengeist,
Der Du im goldnen Lichteswogen
Zu Christus uns die Wege weist.

In Deines Sternenschwertes Schutz
Will ich auf Erden dienen,
Den Blick zum Rosenkreuz gelenkt
Des Irrtums Taten sühnen.

Ich will mit aller Herzenskraft
Mich Deinem Werk verbinden.
O Michael, von Dir geführt
Laß mich den Christus finden!

Ilse Schmäche

Wie der Gedanke ringt,
die Offenbarung des Göttlichen
zu erfassen und zu pflegen,
ist in heutiger Zeit
ein Mutdienst am Abgrund.

Denn das Böse
will den Gedanken nur dulden
im Reich der Selbstsucht und Macht
und die Menschenseele
in eitelstolze Truggespinste locken.

Wer Hingabe übte an den Geist,
der weiß: jede Überwindung
wird ein Stern auf dem Wege,
aus dessen geläutertem Golde
Michael seines Sieges Lanze schmiedet.

Friedrich Doldinger

Verehrung Michaels

Goldumglänzter im Feuergefährt,
Fälle die leuchtende Lanze
In die zagenden Geister!

Zünde der Sonnenentzückungen Mut
An in den zaudernden Herzen!
Laß sie Sieger im Sumpf sein!

Mach zu Heilern im Lande des Hohns,
Helden und Hütern des Lichthorts
Deiner heiligen Höh'n sie!

Sieg-Erstrahler im Sonnengewand,
Wendung-Wirker im Weltsturm,
In dein Wachen erweck' uns!

Friedrich Doldinger

Michaelsfest

Was dumpf in unserm Fühlen,
was starr in unserm Denken,
was schwach in unserm Wollen:
Wir werden es wieder erheben
zu den Gefilden des Lichts,
wo Michael, der Engelfürst
und Drachenbezwinger,
unser Denken aufruft, zu wirken
für Gottes Offenbarung,
der unser Fühlen aufruft, zu leben
vor Gottes Angesicht,
auf daß wir erwecken
unseren tiefsten Willen,
mit ihm zu dienen
dem Sohne Gottes.

Adam Bittleston

Von drüben tönt ein Ruf zu mir:
Dem Feind der Liebe und des Lichts
Ins Auge schauen! Weiter nichts
Verlangt der Engel jetzt von dir!

Nur, daß du wie ein Spiegel wirst,
Darin der Dämon sich erkennt,
in deiner Läuterung verbrennt,
Das Böse in sich selbst zerbirst.

Der Herr des Schicksals fordert nicht,
daß du die Hand als Richter hebst,
nur, daß du in der Wahrheit lebst:
Der Geist ist selber das Gericht.

Albert Steffen

O Michael –
in Deinen Schutz befehl ich mich,
mit Deiner Führung verbind ich mich,
daß dieser Tag ein Abbild sein möge
Deines schicksalordnenden Willens.

Verfasser unbekannt

November

Herr inmitten der sieben Leuchter!
Spender des nie verdunkelten Lichtes!
Helfer all der Seelen, die da ringen
mit der bittren Maske ihrer Leidenschaften
auf den weiten Stufen der Nacht –

Du, der Du vom Vater her tragest
Sonnenleben, beständig in allem Wechsel,
heilend unseres Geistes Schwächen,
der aus flieh'nden Schatten
Irrtum zieht, Dein Sein verleugnend –

Christus, dessen Liebe Rosen weckt
aus dem Kreuz, an dem wir leiden;
Hüter an dem Tor der Himmel,
wo dem irdisch Unvollkomm'nen
Vollendung wird durch Gottes Gnade –

Deine Seelenkraft vereine unser Fühlen
mit den Seelen, die da streben
von der Erd' nach fernen Sternenwelten,
und mit solchen, die den Weg erst suchen
hin zur Erde, die durch Dich geheiligt.

Adam Bittleston

Verwandlung der Erde

Wahrhaft Neues kann verjüngend in die alt gewordene Welt eintreten, weil Menschen lernen, es vom Himmel herunterzuholen, wo es allein herkommen kann. Der Goldglanz des himmlischen Jerusalem senkt sich in den Erdengrund herein, auch wenn dieser von lauter Trümmern und Spuren des Untergangs bedeckt ist. Emil Bock

Niemand ist ferne vom wichtigsten Geschehen, wenn er sich bemüht um Klarheit im Erkennen, um Wärme und schöne Kraft der Gefühle, um menschheitlich-menschliches selbstloses Wollen. Würde auch kein Irdischer ihn wahrnehmen, so tragen doch die Geister des Guten die Erstrahlung seines Wesens als Baustein in das Reich der lichten Erde, das sich zukünftig offenbaren wird, das aber überall schon beginnen kann, wo man sein waltendes Schweigen hört. Jenseits von Weltbrand, Götterdämmerung, Jüngstem Gericht, jenseits aller Zusammenbrüche waltet das Geistes-Zukunftsreich. Drohung und Anmaßung, Unbeherrschtheit und Selbstsucht, Eitelkeit und Lebenslüge fressen sich gegenseitig auf. Die Geisteskraft, die unbemerkt vom Tageslärm heranreifte in der Stille, zertritt dem Fenriswolf den Rachen. Wer sich selbst verwandelt, wird wandeln zur Ewigen Stadt.

Friedrich Doldinger

Und siehe, es war alles gut!
Doch wir verdarben alles.
Und aus der Finsternis des Falles
erlöst erst wieder Christi Blut.

Er gab sein Sonnen-Ich dahin,
daß unsre trübe Erde
von ihm geläutert werde,
zurück, empor zu ihrem wahren Sinn.

So kehrte der verlorne Sohn zurück,
wie sie sich nun nach langem Wahn und Harme
heimfinden will in ewige Vaterarme –
und alle Himmel glühen auf in Glück.

Christian Morgenstern

Wer gab dir, Finsternis, die Kraft,
vom Licht zu träumen?
Zu weit schienst du doch fortgegangen
vom Urquell deines Seins,
zu tief gestürzt,
als daß im Eisgebilde deiner Gottesferne
noch einmal dich beleben könnte
der Liebe Hauch.

So fragt ein Mensch,
der nichts mehr weiß vom Wort und seiner Kraft,
die allen Wesen innewohnt, wohin sie auch,
geheimem Schicksal folgend, sich begeben mögen.
Wer einmal fiel,
ward sich im Sturze jener Kraft bewußt,
die ihn bisher getragen –
und wie ein Blitz durchflammte die Erinn'rung den,
der sich vom Schöpfer löste.
Mag ihn des Todes Bann in seine Fesseln schlagen:
Der Morgensonne erster Strahl entflammt den ew'gen
Funken –
und so kehrt auch des Himmels finsterstes Geschöpf
im Stufengang des Farbenchores auferstehend heim.

Ilse Schmäche

Das Verborgene

Was des Tags du in einsamer Kammer gedacht –
Steht gerichtet im Licht vor der Sonne der Nacht.

Was verschwiegen im ahnenden Herzen dir quillt –
Wächst im Traum, vor dem Blick deines Engels
enthüllt.

Jeder keimende Wille, die reifende Tat
Wird von Göttern geerntet zu künftiger Saat.

Und es sammeln die Geister und führen zum Ziel,
Was im Werden zerbrach, was dem Wirken entfiel.

Drum beginne dein Werk, – es sei noch so gering:
Denn sie wissen Vollendung für jedes Ding.

So erbilden sie heimlich die kommende Welt,
Daß sie strahlend erscheine, wenn diese zerfällt.

Rudolf Meyer

Gib mir den Anblick deines Seins, o Welt...
Den Sinnenschein laß langsam mich
durchdringen...

So wie ein Haus sich nach und nach erhellt,
bis es des Tages Strahlen ganz durchschwingen –
und so wie wenn dies Haus dem Himmelsglanz
noch Dach und Wand zum Opfer könnte bringen –
daß es zuletzt, von goldner Fülle ganz
durchströmt, als wie ein Geisterbauwerk stände,
gleich einer geistdurchleuchteten Monstranz:

So möchte auch die Starrheit meiner Wände
sich lösen, daß dein volles Sein in mein,
mein volles Sein in dein Sein Einlaß fände –
und so sich rein vereinte Sein mit Sein.

Christian Morgenstern

Ehernes Gesetz

Bitte den brennenden Stern
nicht auf die Erde herab;
ihm, der unwandelbar fern,
ringe das Kommen nicht ab.

Bilde den Stern in dir nach,
finde im Innern sein Licht,
und was an Kraft dir gebrach,
schenkt sich dir nun im Verzicht.

Beuge und wandle drum nicht,
was als Gesetz dir bestellt,
neu nur gebiert im Gericht
sich die erklingende Welt.

Alfred Schütze

HÖREN, hören! – O du mein Gott –
nur Taube wissen, wie Hören tut,
und warten im Eisblock des Schweigens
auf dein lebendiges Wort.
Auch Menschenstimmen warten sie ab...
Selten wagt sich ihr Herz herauf,
um eine Antwort beherzt zu machen,
wenn sie doch einmal sich angesprochen
wähnen und freudig erschrecken.
Aber ihr Leben – o du mein Gott –
ihr Leben ist dennoch erfüllt von Verheißung,
daß du in ihr Fleisch kommst als dauerndes Wort
und den Schuldturm zum Tempel verwandelst.

Christine Lavant

Goldglanz der Ewigkeit
säumt unsre Zeitlichkeit.
Bald ist's getan.
Schmerz wird zum Geistestor,
Ohnmacht zu Aug und Ohr.
Zukunft kommt an.

Friedrich Doldinger

Ja! Er ist auferstanden,
und das Grab hat er mit sich genommen
und aufgebaut
aus den Steinen die heilige Stadt!
– Und so wollen auch wir
schultern die Särge,
die wir auf Erden bewohnten,
und weiter wandern,
bis wir die Stätte erreichen,
die uns bestimmt ist.
Eines wissen wir ja:
Immer näher werden wir kommen
den Türmen des Himmels
und finden den Ort,
zu errichten das eigene Haus.
Dann hängen
über unseren Häuptern die Sterne
und spenden Helle
dem gastlichen Tische.
Denn wir sind treu;
als Treue aber dürfen wir auch
die Treuen speisen und tränken.

Albert Steffen

III
Starkmut im Lebenslauf

Selbstfindung

Nie habe Angst,
solange du noch in dir selbst
den Weg der Wandlung
gehen kannst.
Albert Talhoff

Die Unruhe unserer Zeit läßt den Menschen nur schwer zu sich selber kommen. Durch eine Fülle von Sinneseindrücken wird er täglich und stündlich nach außen abgelenkt. Doch die stärkere Diesseitigkeit, die wir der mittelalterlichen Weltabgewandtheit voraushaben, wird nur dann ein echter Gewinn, wenn sie nicht zu innerer Leere führt. Die Vielfalt des Außenseins erfordert eine um so straffere Einheit des Innenseins.

Zwei Gefahren drohen dem, der auf dem Wege zu sich selber ist: entweder sich maßlos zu überschätzen, sich über alles und alle anderen zu stellen, oder sich in sich selbst zu verschließen. Aus der Liebe zu Gott kann beidem begegnet werden; aus ihr entspringt der Sinn, das Wesentliche vom Unwesentlichen zu scheiden, und ebenso die Bereitschaft, liebevoll auf andere Menschen einzugehen.

Mein Mittelpunkt hat keine Kraft.
Nichts reißt mich mehr in mich herein.
Von allem bin ich hingerafft
Zu tausenfach zerstäubtem Sein.

Alles, was mein Sinn erfaßt,
Jedes Haus und jedes Tier,
Trägt zu seiner eignen Last
Noch ein Stück von mir.

So bin ich wohl in aller Welt,
Weil sie mich plündert und behält.
Ein windiges Gerüste ist mein Wesen,
Dadurch das räuberische Leben fährt.
Wo ist, wo ist der Besen,
Der mich zusammenkehrt?

Franz Werfel

O Herr – nimm von mir,
was mich wendt von Dir.
O Herr, gib dafür mir,
das mich kehrt zu Dir.
O Herr, nimm mich mir
und gib mich ganz zu eigen Dir.

Nikolaus von Flüe

Nun wohne DU darin,
in diesem leeren Hause,
aus dem der Welt Gebrause
herausfloh und dahin.

Was ist nun noch mein Sinn, –
als daß auf eine Pause
ich einzig DEINE Klause,
mein Grund und Ursprung, bin!

Christian Morgenstern

Gegen die Furcht

Die Ereignisse, die mich suchen,
mögen zu mir kommen.
Ich will ihnen begegnen
mit gelassenem Sinn
durch den friedevollen Vatergrund,
auf dem wir wandeln.

Die Menschen, die mich suchen,
mögen zu mir kommen;
ich will ihnen begegnen
mit verstehendem Herzen
durch den Liebestrom des Christus,
in dem wir leben.

Die Geister, die mich suchen,
mögen zu mir kommen;
ich will ihnen begegnen
mit klarer Seele
durch des heilenden Geistes Licht,
durch das wir schauen.

Adam Bittleston

Lothar 6.1.04

Meditation

Ich war:
Und so ist Gottes Licht
In meinem Denken.

Ich bin:
Und so ist Gottes Liebe
In meinem Fühlen.

Ich werde sein:
Und so ist Gottes Segen
In meinem Wollen.

Friedrich Doldinger

Wenn Ruhe der Seele Wogen glättet
Und Geduld im Geiste sich breitet:
Zieht der Götter Wort
Durch des Menschen Innres
Und webt den Frieden
Der Ewigkeiten
In alles Leben
Des Zeitenlaufs.

Rudolf Steiner

Es keimen der Seele Wünsche,
Es wachsen des Willens Taten,
Es reifen des Lebens Früchte.

Ich fühle mein Schicksal,
Mein Schicksal findet mich.
Ich fühle meinen Stern,
Mein Stern findet mich.
Ich fühle meine Ziele,
Meine Ziele finden mich.

Meine Seele und die Welt sind Eines nur.

Das Leben, es wird heller um mich,
Das Leben, es wird schwerer für mich,
Das Leben, es wird reicher in mir.

Rudolf Steiner

Krankheit und Schicksal

Wer vom Schicksal herausgefordert wird,
entrüstet sich nicht über die Bedingungen.
Dag Hammarskjöld

»Laß dir an meiner Gnade genügen; denn meine Kraft ist in dem Schwachen mächtig.« Wieviel Tausenden von Kranken ist dieses Wort des Paulus wertvoller geworden als jedes andere, gerade das Wort, das wohl aus der schwersten Stunde des Apostels stammt. Mancher hat es schon erfahren, daß er mit dem, was er in schweren Stunden erlebt hat, den andern zehnmal und hundertmal mehr hat helfen können als mit dem, was er in fröhlichen Stunden erlebt hat. Um wieviel mehr wäre das noch so, wenn wir diese ernsten Stunden immer recht erlebt hätten! Die Menschheit braucht nichts notwendiger als Menschen, die richtig durch Schweres zu gehen verstehen, um den Segen für andere mit herauszubringen.

Friedrich Rittelmeyer

Schmerz

In meinem Lebensbild, dem farbensatten,
malst du mit fester Hand die tiefen Schatten.

Hell blüht die Freude auf dem dunklen Grunde;
es hebt sich leuchtend jede schöne Stunde.

Du willst das Glück mit deines Ernsts Gewalten
zum Hort der Tiefe dauernd umgestalten.

Daß sich mein Leben innerlichst vollende,
reichst du mir helfend deine harten Hände.

Elisabeth Bauer

Dulde, trage,
bessere Tage
werden kommen.
Alles muß frommen
denen, die fest sind.
Herz, altes Kind,
dulde, trage.

Christian Morgenstern

Über Allem

Über allen Untergängen
weht Gottes Liebe.
In allen Engen
geht sie mit dir.

Über allen Verhängnissen
wacht deines Engels Auge.
Aus allen Bedrängnissen
sacht führt dich seine Hand.

Über allem Stummwerden und Entsagen
fragt und wägt deiner Ichheit Hüter.
In allem Wagen
trägt dich der Gottwelt Sinn.

Friedrich Doldinger

Gebet

Zerstreu die Wolken, Herr, die Dich verhüllen,
Und offenbare mir Dein Angesicht.
Durch Deines Wesens leuchtend klares Licht
Gib mir die Kraft, mich selber zu erfüllen.

Sei gegenwärtig, prüfe mich im stillen.
Lehr mich die Not, das Leid und den Verzicht.
Auf meine Schultern bürde Dein Gewicht
Und beuge sie nach Deinem sanften Willen.

Nicht alle, welche kommen oder gehen,
Sind, Herr, vor Dir zur Wandlung ausersehen,
Nicht alle läutern sich in Deinem Namen.

Laß unter denen, die Dein Geist beseelt
Und die von Dir begnadet und erwählt,
Auch mich Dein Echo, Dein Geschöpf sein! Amen.

Edith Meyer
gestorben in Auschwitz

Neu zu lernen,
Täglich neu,
Daß die Hoffnung
Kein Gut ist,
Keine festgefügte Habe,
Aufbewahrt wohl
Dort, wo keiner hinlangt,
Aber ein zartes Gebilde,
Ein Samen, der keimt
Zu Geduld.

Neu zu lernen,
Daß die Hoffnung
Erhofft sein will.

Otto Bruder

Und so hebe dich denn
aus den Nebeln des Grams
auf des Selbstvertrauens
mächtigen Fittichen
aufwärts,
bis du dir selber
mit all deinem Leide
klein wirst,
groß wirst
über dir selber
und all deinem Leide.

Christian Morgenstern

Geduld, du ungeheures Wort!
Wer dich erlebt, wer dich begreift,
erlebt hinfort, begreift hinfort,
wie Gottheit schafft, wie Gottheit reift!

Christian Morgenstern

Der HERR ist mein Hirte, mir wird nichts mangeln.

Der »Herr«, der »Jahve« heißt, das ist: »Ich bin, der Ich bin«, ist der Begleiter und Führer meines ganzen Lebensweges, so daß ich durch Ihn alles haben und nichts entbehren werde, was ich auch in der *physischen* Welt wirklich brauche.

Er weidet mich auf einer grünen Aue und führet mich zum frischen Wasser.

Wenn ich mich an Ihn halte, dann fehlt mir nicht die *Sphäre der Lebenskräfte,* aus der immer wieder reinste Belebung entspringt.

Er erquicket meine Seele.

Er spendet meiner *Seele* mit ihren inneren Nöten alles, was sie harmonisieren kann.

Er führet mich auf rechter Straße um seines Namens willen.

Er ist Derjenige, aus dem heraus ich meine richtige Schicksalsbahn finden kann, und zwar durch die Kraft Seines »Namens«, seines Geistwesens, wenn ich dieses in mein *Ich* aufnehme.

Und ob ich schon wanderte im finstern Tal, fürchte ich kein Unglück, denn Du bist bei mir, Dein Stecken und Stab trösten mich.

Auch wenn mein Schicksal mich in Dunkel und Not führt, so empfinde ich in meinem *höheren Selbst* die Geistesgegenwart des Hirten, die mich vollauf tröstet.

Du bereitest vor mir einen Tisch im Angesicht meiner Feinde, Du salbest mein Haupt mit Öl und schenkest mir voll ein.

Du spendest mir das Heilige Mahl, selbst in der größten Gefahr, und schenkest mir damit die höchste Kräftigung meines *Lebensgeistes*.

Güte und Barmherzigkeit werden mir folgen mein Leben lang, und ich werde bleiben im Hause des Herrn immerdar.

Das Beste meines Lebens – nach innen und nach außen: »Güte« und »Barmherzigkeit« – werden nicht verlorengehen, mir nie in ihrer Weiterwirksamkeit genommen werden können von den Widersachern; sie werden mir zugutekommen, und dadurch werde ich mit *meinem neuen Leibe* immerdar verbunden bleiben mit dem wahren und ewigen »Hause Gottes«, mit dem Tempel der neuen Welt.

Psalm 23, in der Übersetzung von Martin Luther,
mit Erweiterungen von Eberhard Kurras

Begegnung mit dem Engel

Engel sind Antworten.
Albert Talhoff

Engel sind Helfer des Menschen, Helfer auch zu seinem Selbständigwerden. Jedes Kind hat seinen Schutzengel. Der Erwachsene sucht mehr die Hilfe im geistigen Bereich: in dem Finden des Sinnes hinter allem Werden, im Verbinden des Heutigen mit dem Früheren, der einzelnen Lebensepochen oder des jetzigen mit einem früheren Leben.

Dem Engel wirklich zu begegnen, braucht es ein gewisses Stehvermögen im Geiste. Der Zuspruch »Fürchte dich nicht!«, der oft in der Bibel einer Engelsbotschaft vorangeht, sollte den Empfänger ermutigen, der Erscheinung standzuhalten, um trotz der inneren Erschütterung für den Inhalt der Botschaft genügend geistesgegenwärtig zu sein. Unser heutiges Dasein ist reich an Erschütterungen, doch meist von der anderen, der verhärtenden oder zerstörenden Art. Kraft zur Begegnung mit dem Engel haben nur wenige, so wird die Botschaft der Engel nur selten vernommen. Wir können aber auf ihren Beistand nicht verzichten. Wie lernen wir ihre Sprache neu? Wie nähern wir uns ihnen so, daß sie unser Anliegen aufnehmen, daß wir ihr Wesen erleben können? Das Reich, in dem die Antworten auf unsere Lebensfragen liegen, ist uns wieder ein Stück näher geworden, seit das Licht einer neuen Zeit über uns aufgegangen ist.

Engel auf den Urgefilden
die ihr den Anfang losbindet,
die Weissagungen in die Elemente sät
bis die Fruchtknoten der Gestirne
sich ründen
und wieder die Monde des Todes
die abnehmende Tonleiter singen –

Und in staubiger Nachtwache
der Mensch die Arme wild
zum Himmel wirft
und *»Gott«* sagt
und die Dunkelheit
in einer Veilchenträne duftet –

Engel auf den Urgefilden
wieviel Martermeilen
muß die Sehnsucht, zurück
zu eurem Segensraum durcheilen!

Nelly Sachs

Zwiesprache mit dem Engel

Ich sprach: Wer warnt mich in der Not der Stunde? –
  Und Er: Das Licht erstrahlt zur rechten Zeit.
Ich sprach: Wie komm ich zu so hohem Bunde? –
  Und Jener: Frage nicht, sei nur bereit.

Kennst du den Traum, der uns von je beirrte? –
  Ich weiß, ihr seid von Lockung hart bedrängt.
Verdient nicht Tod, wer allzu niedrig irrte? –
  Die Himmelsliebe richtet nicht, sie schenkt.

Warum die Angst endlos, warum das Grauen? –
  Endlos in Wahrheit einzig ist das Licht.
Wenn ich dir folge, werd ich es erschauen? –
  Schon liegt sein Glanz auf deinem Angesicht.

So trag ich schon das Licht in meinem Leben? –
  Im Kern, den du mit Traumgewirk umsponnst.
Nichts muß ich tun, als nur die Hände heben? –
  Was sonst als nur dies Eine! Was denn sonst?

Henry von Heiseler

Worte

Ich trat in dunkle Halle, las die Worte:
Er hat den Engeln seinen angetragen,
Daß sie dich hüten wegwärts Ort zu Orte
Und sorgend dich in ihren Händen tragen,

Damit du nicht an einem Steine stoßest
Die Füße deine rings in bösem Sprengel
Und noch zu gutem Ende Heil erlosest.
O Gott, so sprach ich leis, o Gott, o Engel!

Fritz Usinger

Der Engel

O wüßtest du, wie sehr dein Antlitz sich
verändert, wenn du mitten in dem Blick,
dem stillen reinen, der dich mir vereint,
dich innerlich verlierst und von mir kehrst!
Wie eine Landschaft, die noch eben hell,
bewölkt es sich und schließt mich von dir aus.
Dann warte ich. Dann warte schweigend ich
oft lange. Und wär ich ein Mensch wie du,
mich tötete verschmähter Liebe Pein.
So aber gab unendliche Geduld
der Vater mir, und unerschütterlich
erwarte ich dich, wann du immer kommst.
Und diesen sanften Vorwurf selber nimm
als Vorwurf nicht, als keusche Botschaft nur.

Christian Morgenstern

Stimme des Schutzengels

Versuche nicht, den Schatten, den du wirfst,
Ans Herz zu nehmen. Wende dich zum Licht,
Gott will dir wohl, und der sich hinter dir
Bewegt, das dunkle Nachbild deiner selbst,
Lockt dich dann nicht mehr weg zum Nichts.
Nein, dieser Schatten wird das Zeichen sein,
Daß du geschaffnes Wesen bist, bei dem
Das Licht des Vaters ankommt und sich ausruht.
So voller Sinn ist eure Erdenwelt
Und nichts in ihr Gegebnes, das nicht gut ist.
Nur wende dich und nimm's von dem, der gibt.

Bernt von Heiseler

Ich liebe dich, du Seele, die da irrt
im Tal des Lebens nach dem rechten Glücke,
ich liebe dich, die manch ein Wahn verwirrt,
der manch ein Traum zerbrach in Staub und Stücke.

Ich liebe deine armen wunden Schwingen,
die ungestoßen in mir möchten wohnen;
ich möchte dich mit Güte ganz durchdringen;
ich möchte dich in allen Tiefen schonen.

Christian Morgenstern

Stimme des Engels

(Laute spielender Engel von H. Brüggemann)

Sprich mich nicht an:
Ich kann dir nichts erwidern,
ich höre nur
der Laute Lobgesang.
Ich hab' ein Amt,
begreif: den heil'gen Liedern
zu dienen,
Klang bei Klang.
Doch fürchte nichts:
Denn über allen Worten
und allem, was geschieht
und je geschah,
klingt dieser Ton
und tönt an allen Orten.
Wag's und stimm ein!
Und du bist ganz mir nah.

Albrecht Goes

Du bist die Kraft, aus der ich lebe,
gespeist aus Reichen voller Licht;
wo mir's an Klarheit noch gebricht,
führ Du, mein Engel, wach' und webe.

Georg Pfarrer

Fürbitte

Doch ich habe für dich gebetet,
daß dein Glaube nicht aufhöre.
Christus zu Petrus
Lk. 22,32

Wer danach strebt, das Christentum zu verwirklichen, möchte fürbittend für seine Mitmenschen eintreten. Um etwas Bestimmtes zu bitten, kann man kaum wagen; wer weiß schließlich, womit dem Betreffenden auf die Dauer am besten gedient ist. Das weiß nur der Herr der Schicksale. Und doch können wir es wohl immer wieder wagen, für einen Menschen um Licht zu bitten, damit er seinen Schicksalsweg sieht, und um Kraft, diesen Weg zu gehen.

Eine wortlose, bildhafte Fürbitte ist auch immer möglich: Ich stelle mir den Betreffenden vor, sehe seine Gestalt, sein Gesicht vor meinem inneren Auge. Dieses Bild trage ich zu seinem Engel empor, und so webe ich das Band zwischen ihm und dem Engel dichter; denn solche Vorstellungen erfüllen sich mit Wirklichkeit.

Der Christ arbeitet durch die Fürbitte mit den Engeln zusammen.

Inger Carlsen

Du Engel,
der dem Schicksal wacht,
weise den Weg
zu dieser Seele,
wie immer er beschaffen sei,
sie rein zu erkennen,
daß göttliche Liebe,
die gnadenreich
Menschen gegeben,
ihr entgegenströme
in Herzenswärme und sie daran
zu ihrem Ursprung sich bilde.

Bernhard Reither

Herr,
lege Deine Hände auf seine Schultern.
Sprich ihm mit Deiner Stimme ins Ohr.
Senke ihm Deine Liebe ins Herz.
Hilf ihm zu erfüllen,
was Du mit seinem Leben vorhast.

Verfasser unbekannt

Lothar 6.1.04

Fürbitte

In Herzensdankbarkeit gegenüber den Schicksalsmächten,
in Gedanken, die den heilenden Geist suchen,
möge mein Gebet für……
wirken im Reich des Christus.

Kraft
zur Erfüllung des Willens,
in dessen Dienst er sein Leibeshaus betrat,
stärke seine Seele.

Licht
zur Offenbarung des Sternes,
der über seiner irdischen Geburt stand,
leuchte seinem Leben.

Friede
im Anhören des Wortes,
das durch Christus zu uns spricht,
wirke zu seines Leibes Gesundheit.

Adam Bittleston

Lothar 6.1.04

Bittgebet an den Christus für die Menschen

Lasse zu Dir kommen, die Dich lieben!
Laß mit Deiner Worte Geist
sie erleuchten ihres Lebens Ziele!
Laß mit Deiner Schönheit Frieden
sie der Seelen Heiltum weben!
Laß mit Deines Opfers Kraft
sie der Wandlung Segen tragen
in Daseinsöden und in Lebensstürme!

Friedrich Doldinger

Der Weltenvater segne dich
mit sicherem Vertrauen
in seine weisheitvolle Schicksalsvorsicht.

Der Sohnesgott erfülle dich
mit liebestarkem Opfermut
für all dein Tun und Schaffen.

Der Geistesgott umhülle dich
mit seinem Friedenslicht
zum Heil für andre
und zum Schutz für dich.

Christoph Rau

Geister Eurer Seelen, wirkende Wächter,
Eure Schwingen mögen bringen
Unserer Seelen bittende Liebe
Eurer Hut vertrauten Erdenmenschen,
Daß, mit Eurer Macht geeint,
Unsere Bitte helfend strahle
Den Seelen, die sie liebend sucht!

Rudolf Steiner

Leben mit Verstorbenen

Leben ist der Anfang des Todes.
Das Leben ist um des Todes willen.
Der Tod ist Endigung und Anfang zugleich – Scheidung und nähere Selbstverbindung zugleich. Durch den Tod wird die Reduktion vollendet. Novalis

Wem durch den Tod ein Freund genommen wird, der erfährt, wie längst Vergessenes in die Erinnerung zurückkehrt – Erfreuliches und Schmerzvolles, Errungenes und Versäumtes.
Erinnerung ist ein kostbares Gut, das uns bereichert im Innewerden der Durchlässigkeit des Gewesenen. Doch kann Erinnerung bisweilen den bitteren Geschmack des Unabänderlichen annehmen.
Üben wir uns, die Gedanken des Verstorbenen weiterzudenken, alle Dinge in seinem Sinn zu sehen, aber auch neu zu durchfühlen und Liegengebliebenes weiterzuführen, dann geben wir ihm und uns die Freiheit, das Gewesene auf lebendige Weise in den Strom der Zukunft zu tragen.

Glaubst du, daß ich dich verließ,
als ich von dir ging?
Dich aus meinem Herzen stieß,
das dich warm umfing?

Nein, ich ging, um näher nur
dir vereint zu sein,
folge meiner Himmelsspur –
nie bist du allein!

Immer strömt aus meiner Welt
in dich Licht und Klang,
die dein müdes Herz erhellt, –
nimmer sei dir bang.

Du in mir und ich in dir –
über Raum und Zeit
leben selig-einig wir
in der Ewigkeit.

Ida Rüchardt

Für einen früh Verstorbenen

Nun weiß ich, du bist dort und hier,
du bist nicht wirklich uns genommen,
nun weiß ich, du bist oft zu mir
in meine Stille schon gekommen.

O lichte den beschwerten Sinn,
du Wandrer auf den neuen Wegen,
ich schaue dankbar auf dich hin,
Wir gehen immer uns entgegen.

Und wir sind Freunde, überall
ist Raum für dich, und unverloren
bleibt deines Herzens Widerhall;
du bist mir neu im Geist geboren.

Claus von der Decken

Der Tote, der mich liebte, hielt die Hand
mir vor den Mund und sagte nur: Sei stille.
Und nach dem langen Leiden wuchs mein Wille,
und eine Kraft wuchs bis zum Augenrand.

Und tiefer sah ich, als ich tags gesehn.
Das Wort, das mir versagt war, wurde Blick.
Was mir genommen ist, es kehrt zurück.
Vor Göttergegenwart bleibt kein Vergehn.

Hast du im Leben jemals weh getan,
so such die Weisung der gestorbnen Wesen.
Nur wer den andern heilt, wird selbst genesen.
Die Geistgeburt fängt mit dem Sterben an.

Albert Steffen

Segen der Toten

Lehrt mich, tote Freunde, meine treuen,
eures Geistes stetes Sternendenken,
eurer Liebe ständiges Erneuen,
eurer Sonnengüte reines Schenken.

Unbeirrt, ob wir euch oft vergaßen,
segnet ihr aus vollen Friedens Händen.
Fliehen wir auf fernen Erdenstraßen,
wartet ihr, bis wir uns zu euch wenden.

So wie ihr, will ich mich allen neigen,
die mir nah einst, ob sie bei mir blieben,
ob sie flohen und sich mir verschweigen,
so wie ihr mit der Toten Sternentreue lieben.

Alfred Schütze

Nacht-Begegnung

Den du am Tage oft riefst,
nachts hat dein Herz er gestreift;
als du in Kummer entschliefst,
hat dich ein Toter gereift.
Bist nun vom Dufte umweht,
der aus dem Totenreich quillt;
und wer die Toten versteht,
ist auch zum Leben gewillt.

Alfred Schütze

Für einen Verstorbenen

Der Gute Hirte leite dich
dahin, wo du verwandelt wirst,
auf daß du atmest
die Luft ewigen Seins.

Wo du als Seele wirkst
für die Kommende Welt,
dort eine uns mit dir
die Liebe des Geistes.

Adam Bittleston

Beim Tode eines aus dem Leben Geschiedenen

Möge das Wahre in dir
  lieber Freund
Auferstehen
Jenseits der Schwelle
Trotz der Trümmer
Deines selbstzerstörten Hauses.
Und wir
Die dein Schicksal verfolgen
Wollen uns selber besinnen
Daß auch du dich besinnest
Und aufrecht stehend
Zurückschauest auf die Trümmer,
Entschlossen sie aufzubauen
Zu einem neuen
Festen Haus.

Dora Baker

Meine Augen mögen
   dir, geliebte Seele,
   Fenster sein:
daß durch sie du schauest
   Erdenwesens Schönheit.

Meine Ohren mögen
   dir, geliebte Seele,
   Tore sein:
daß durch sie du hörend eintauchst
   in der Ätherwesen webend Reich.

Wenn du durch mein Auge
   schauest Erdenwesen,
lausche ich durch dich nach oben
   in den Gang der Sterne.

Wenn du durch mein Horchen
   eintauchst in das Lichtesätherweben,
schau ich durch den Spiegel deiner Seele
mit dem innern Auge
   in das Reich der Engel –.

Und das Hüben und das Drüben
finden sich in liebendem Vereinen,
wenn die Sonne in der Mitte,
wenn die Liebesflamme opfernd glüht.

Maria Reimann

Fürbitte

Es versammle sich um dich
unsrer Liebe Wärme.
Sie sänftige dir Sorge und Schmerz.
Sie lege sich an dein Herz
wie der Rose belebender Duft!

Es versammle sich um dich,
was wir dachten seit vielen Jahren
aus der Sterne göttlichem Strahl,
daß aus des Dunkels Tal
bald dich führe des Tages Licht!

Es versammle sich um dich
unsres Menschheitswollens Streben,
das mit deiner Güte klarer Opferglut
vereint wir Hüter sind am höchsten Gut
von Sein zu Sein immerdar!

Friedrich Doldinger

Die Toten

Die ihr wandelt über uns,
Geschwister und Geliebte,
ihr wandelt in strömender Weisheit.
Eure Augen schauen IHN
über den Wassern.
Eure Ohren hören IHN
tönen in allen Gestirnen.
Neigt euch in den Nächten
zu uns,
tragt IHN herüber
zu uns,
daß wir seien
wie ihr
Diener des Christus.

Berthold Wulf

Meiner Seele Christusgabe,
die von Seiner Liebe lebt,
sei dir helfend Sonnenlabe,
aufwärtsstrebend einverwebt.
Leb, durch Seinen Geist erhoben,
von der Erde Banden los:
Seiner Lichtkraft einverwoben
frei im Geistes-Gotteschoß.

Verfasser unbekannt

Der Mutter beim Tode ihres im Kriege gefallenen Sohnes

Göttliches in meiner Seele,
Dir will ich Raum geben
In meinem bewußten Wesen:
Du bindest mich an alles,
Was Schicksalsmacht mir zugebracht,
Du lösest mich nimmer
Von dem, was zu lieben
Du mir geschenkt:
Dein Geist wachet über das Meine,
Denn es ist auch das Deine:
So will ich wachen mit dir,
Durch dich, in dir,
Was du beschlossen mit dem Deinen.
Ich will stark sein, zu erkennen,
Daß es Weisheit sei. –

Rudolf Steiner

In Geistgefilde will ich senden
Die treue Liebe, die wir fanden,
Um Seele der Seele zu verbinden.
Du sollst mein Denken liebend finden,
Wenn aus des Geistes lichten Landen
Du suchend wirst die Seele wenden,
Zu schauen, was in mir Du suchest.

Rudolf Steiner

Ich schaue auf Dich in der geistigen Welt,
In der Du bist.
Meine Liebe lindre Deine Wärme,
Meine Liebe lindre Deine Kälte.
Sie dringe zu Dir
Und helfe Dir,
Zu finden den Weg
Durch des Geistes Dunkel
In des Geistes Licht.

Rudolf Steiner

Hinwendung zu Christus

Vielfältig sind die Wege zu Christus. Jeder ernstlich Suchende macht eines Tages die Entdeckung, daß er seinen eigenen Weg zu Ihm finden muß. In der Vergangenheit hat das jeweilige Zeitalter die Wege zu Christus wesentlich mitbestimmt: den Weg des Martyriums im Urchristentum, den Weg der inneren Versenkung im Zeitalter des Mönchtums und der Mystik, den Weg der inbrünstigen Hingabe in der Barockzeit, den Weg des sozialen Dienstes am anderen Menschen, den Weg der Gewaltlosigkeit zur Erlangung bestimmter Ziele in unserer Zeit.

In unserem Jahrhundert kommt dem Suchen etwas entgegen, das in seiner Größe bislang nur von wenigen gesehen worden ist: das Ereignis der Wiederkunft Christi im Bereich der Lebenskräfte. Wie Saulus vor Damaskus einst den Auferstandenen mitten am Tage schaute und dadurch die radikale Wende vom schlimmsten Verfolger zum wichtigsten Verkünder des Christentums erfuhr, so erleben in unseren Tagen mehr und mehr Menschen durch ihre Begegnung mit Christus eine Wende. Wir stehen mitten in dieser Entwicklung darin, auf die Rudolf Steiner seit 1910 eindringlich hingewiesen hat.

Inzwischen haben viele Menschen den Beistand des Christus erfahren, während einer schweren Erkrankung, in scheinbar auswegloser Lage, in Augenblicken rascher Entscheidung oder höchster Gefahr.

Trostvoll zu wissen: Er ist da, er ist dir nahe, armer Mensch, er ist für dich erreichbar. – Zugleich welche anspruchsvolle Wahrheit. Kann ich denn bestehen vor Ihm? Muß ich nicht ein ganz anderer Mensch werden? – Selig, wem die Veränderung als eine Folge jener Begegnung geschenkt wird. Vor allem selig aber, wer sich die Änderung in jahrelangem Mühen schon vorher erringt, angesichts der Möglichkeit, Ihm eines Tages Aug in Auge gegenüberzustehen.

O HERR,
mache mich zum Werkzeug Deines Friedens:
daß ich Liebe übe, wo man sich haßt,
daß ich verzeihe, wo man sich beleidigt,
daß ich verbinde da, wo Streit ist,
daß ich die Wahrheit sage, wo der Irrtum herrscht,
daß ich den Glauben bringe, wo der Zweifel drückt,
daß ich die Hoffnung wecke, wo Verzweiflung quält,
daß ich ein Licht anzünde, wo die Finsternis regiert,
daß ich Freude mache, wo der Kummer wohnt.

ACH HERR,
laß Du mich trachten:
nicht daß ich getröstet werde, sondern daß ich tröste,
nicht daß ich verstanden werde, sondern daß ich verstehe,
nicht daß ich geliebt werde, sondern daß ich liebe.
Denn wer da hingibt, der empfängt;
wer sich selbst vergißt, der findet;
wer verzeiht, dem wird verziehen;
und wer da stirbt, der erwacht zum ewigen Leben.

Amen.

Franz von Assisi

Ich sah einen Fremdling gestrigen Tages:
Essen tat ich auf den Tisch
Und einen Trunk daneben,
Musik ertönte für das Ohr.
Und im Namen der Dreieinigkeit
Segnete er mich und mein Haus,
Mein Vieh und meine Lieben.
Und die Lerche sang in ihrem Lied:
  Wie oft, wie oft, wie oft
  Wandelt der Christus als Fremdling verkleidet –
  Wie oft, wie oft, wie oft.

Irische Rune

Ihr nennt mich Meister: so fraget mich doch.
Ihr nennt mich Licht: so sehet mich doch.
Ihr nennt mich Weg: so folget mir doch.
Ihr nennt mich Leben: so suchet mich doch.
Ihr heißet mich weise: so glaubet mir doch.
Ihr heißt mich schön: so liebet mich doch.
Ihr heißt mich reich: so bittet mich doch.
Ihr heißt mich ewig: so trauet mir doch.
Ihr heißt mich barmherzig: so hoffet doch.
Ihr heißt mich edel: so ehret mich doch.
Ihr heißt mich allmächtig: so dienet mir doch.
Ihr heißt mich gerecht: so fürchtet mich doch.
Ihr heißt mich Liebe: so folgt doch der Bahn;
Denn wie ihr Mich liebt, habt ihr alles getan!

aus dem Lübecker Dom, Verfasser unbekannt

In der Kühle des Tages
Hört' ich wandeln und sah ihn
Durch den Garten des Frühlings
Gehn, den Herren des Gartens.
Auf dem Wagen des Windes,
Im Lichtmantel der Wolke,
Fuhr er ferne vorüber.
Leiser rauschten die Zweige,
Tiefer neigen die Wipfel,
Und anbetend am Boden
Lagen Gräser im Taue.
Alle Herzen der Schöpfung
Schlugen feierlich ihrem
Schöpfer, ihm auch das meine.
Ja, Du hast mich geschaffen,
Und Du wirst mich erhalten;
Ja, Du wirst mich begraben,
Und Du wirst mich erwecken.
In Dir leb' ich und sterb' ich,
In Dir denk' ich und atm' ich;
Laß die Freude des Daseins,
Das Du gabst, mich genießen!

Friedrich Rückert

Bereitschaft

Sieh, sie brauchen irgendeinen,
der dabei ist in der Nacht,
wenn ihr weher Atem wacht
und sie einsam sind und weinen.

Sieh, sie müssen einen finden,
der sie schon im Schweigen kennt,
der, eh man die Wunde nennt,
schon am Werk ist, zu verbinden.

Glaubst du, Herr, ich könnte lesen
mit der armen Augen Kraft,
wo sie krank sind und genesen?

Sieh, ich möchte mich verteilen,
wie ein Becher seinen Saft –
Heiland, gib ihm Kraft zu heilen.

Albrecht Goes

Der Tröster

Ich bin bei dir, auch wenn du dunkel schreitest,
Ich helfe dir mit dem verborgnen Rat,
Ich trage dich, wenn du am Abgrund gleitest,
Ich bin in deiner Hand die reine Tat.

Ich weiß um dich, auch wenn Ich dir verborgen,
Ich schaue dich, wenn du dir noch verhüllt,
Ich liebe in dein Herz den neuen Morgen,
Ich liebe in dich selbst dein wahres Bild.

Ich bin bei dir in neuer Geistesnähe,
Ich bin der Schmerz, den du um mich erträgst,
Ich bin Geburt in dir und bin die Wehe,
Ich bin der Mantel, den du um dich schlägst.

Claus von der Decken

Wenn ich denke:
In dem Haupte
Wohnt der Vater –
kann ich da noch einsam sein
unter seinem All?
Liebe, die du nahst als Mutter,
lehr mich beten.

Wenn ich fühle:
In dem Herzen
Wohnt der Christus –
kann ich da noch Kläger sein
unter seinem Kreuz?
Liebe, die du nahst als Schwester,
lehr mich leiden.

Wenn ich will:
In dem Schoße
Wohnt die Taube –
kann ich da noch Schlange sein
unter ihrer Hut?
Liebe, die du nahst als Kind,
lehr mich selig sein.

Albert Steffen

Spruch

Ich bin
mehr als das tote Gestein,
weil der Vater
als Weltengestalter
aufrechten Gang meinem Körper gegeben.

Ich bin
mehr als die schlafende Pflanze,
weil der Sohn
als Weltenwort
in meinem Herzen wohnt.

Ich bin
mehr als das träumende Tier,
weil der Geist
als Weltgedanke
mein Haupt erleuchtet.

Ich bin Mensch,
Schöpfer an der Gemeinschaft
freier Wesen,
Miterlöser aller Kreaturen,
durch Wahrheit,
durch liebende Worte,
durch Taten, die stark sind.

Albert Steffen

Du, der über uns ist,
Du, der einer von uns ist,
Du, der *ist* – auch in uns;
Daß alle Dich sehen – auch in mir,
Daß ich den Weg bereite für Dich,
Daß ich danke für alles, was mir widerfuhr,
Daß ich dabei nicht vergesse der anderen Not:
Behalte mich in Deiner Liebe,
So wie Du willst, daß andere bleiben in der meinen.
Möchte sich alles in diesem meinem Wesen
Zu Deiner Ehre wenden,
Und möchte ich nie verzweifeln.
Denn ich bin unter Deiner Hand,
Und alle Kraft und Güte sind in Dir.
Gib mir einen reinen Sinn – daß ich Dich erblicke,
einen demütigen Sinn – daß ich Dich höre,
einen liebenden Sinn – daß ich Dir diene,
einen gläubigen Sinn – daß ich in Dir bleibe.

Dag Hammarskjöld

O Christus,
gib mir die Kraft,
daß ich beherrsche
die Hände, die Füße, die Sinne, das Wort.
Hilf, daß ich sie brauche
zu rechten Taten und richtigen Wegen,
zu reinen Gedanken
und liebendem Rate.
Und leite mich,
daß ich nicht Fehler in mich baue.
Mahne mich, daß ich verzeihe,
wenn jemand mich schädigte!
Dann baue ich so,
daß ich Gutes will,
wenn ich wiederkehre.
Mahne mich, daß ich bereue,
wenn ich jemand verletzte.
Dann baue ich so,
daß ich Wahres denke,
wenn ich wiederkehre.
Schenke mir Mitfreude
und Mitleiden mit den Menschen,
daß ich Mitschöpfer werde
gemäß der Art eines jeden.

Albert Steffen

Der heilige Kreis

Erlebe den Menschen,
du findest den Christus.
Erlebe den Christus,
du findest den Vater.
Erlebe den Vater,
du findest die Welt.
Erlebe die Welt,
du findest den Geist.
Erlebe den Geist,
du findest dein Ich.
Erlebe dein Ich,
du findest den Christus.

Claus von der Decken

Gertrud 2017

Dank und Lob

Wenn die Not beginnt,
so will ich Ihm ein Loblied singen.
(aus einer Hymne des Lehrers der Gerechtigkeit)

Dankbarkeit

Dankbarkeit ist eine Gesinnung, die dem Menschen nicht einfach angeboren ist. Er bringt sie sich kaum von vornherein ins Leben mit. Jedes Kind ist so veranlagt, daß es alle Fürsorge, alle Gaben jeder Art als selbstverständlich hinnimmt. Mühsam müssen unsere Kinder im Laufe der Jahre erst zum Danken erzogen werden. Und es hat etwas überaus Beglückendes, wenn das von klein auf anerzogene Dankesagen im erwachsenen Menschen dann später zu einer wirklich lebendigen Gesinnung, wenn Dankbarkeit zur Lebensstimmung wird. Aus einer solchen heraus wird der Mensch in seinem Leben immer mehr entdecken, wieviel Grund er eigentlich zum Danken hat. Aus einer solchen Lebensstimmung wird Wärme strömen in das Verhältnis zum anderen Menschen, und seinen eigenen Lebensumständen gegenüber wird den Menschen weitgehend Zufriedenheit erfüllen.

Marianne Günther

Herr – unser Herr!
Wie reich an Wundern ist Dein Name
in allen Bereichen der Erde!
Hoch über alle Himmel bist Du erhaben.
Aus der Kinder, der Unmündigen Munde
hast eine bleibende Macht Du begründet
gegen Deine Bedränger, die Macht des Feindes
zu dämpfen, des Widersachers Gewalt.
Wenn ich betrachte die Himmel,
die aus Deinen Händen hervorgingen,
den Mond, die Gestirne, deren Lauf Du bestimmtest:
Was ist der Mensch, daß Du Dich seiner erinnerst,
und der Menschensohn, daß Du achtest auf ihn?
Auf kurze Zeit nur stelltest Du niedriger
ihn als die Engel,
mit Hoheit und Würde kröntest Du ihn.
Zum Herrn über die Schöpfung bestelltest Du ihn,
die aus Deinen Händen hervorging.
Alles setztest Du ihm zu Füßen:
Schafe und Rinder zunächst,
dazu die Tiere der freien Gefilde,
die Vögel des Himmels, die Fische der See
und was die Weiten der Meere durchwandert.
Herr – unser Herr!
Wie reich an Wundern ist Dein Name
in allen Bereichen der Erde!

Psalm 8, übersetzt von Christoph Rau

Der das Ich in mir spricht, ist mein Hirt,
es wird mir nicht mangeln.
Auf frischem Grün läßt Er mich ruhn,
zum Lebensstrom führt Er mich hin,
meine Seele läßt Er genesen.
Den Weg der Wahrheit läßt Er mich wandeln
in Seines Ichwesens waltender Kraft.
Ob ich auch ginge im Abgrund der finsteren
Todesschatten, fürchte ich nicht des Bösen Gefahr.
Denn Du bist bei mir.
Dein Stecken und Stab sind mir Stütze und Trost.
Im Angesicht meiner Feinde deckst Du den Tisch vor mich hin.
Mein Haupt salbest Du mit Öl,
meinen Becher schenkst Du mir voll.
Ja, Güte und Gnade werden mich tragen durch all mein Leben.
Und im Hause des Herrn,
der das Ich in mir spricht,
will auf immer ich Ruhe finden.

Psalm 23, übersetzt von Hermann Beckh

Herr, in den Himmeln – Deine Gnade.
Deine Wahrheit – bis zu den Wolken.
Deine Gerechtigkeit – wie Berge Gottes.
Deine Gerichte – eine große Tiefe.
Mensch und Tier bist Du ein Heiland.
O Herr, wie kostbar ist Deine Gnade!
Menschensöhne bergen sich im Schatten Deiner Flügel.
Sie ersättigen sich an der Fülle Deines Hauses.
Du tränkest sie mit dem Strom Deiner Wonne;
denn bei Dir ist der Quellort des Lebens,
und in Deinem Lichte sehen wir das Licht.

Psalm 36,6–10, übersetzt von Rudolf Frieling

Herr, Du hast mich erforscht, und Du kennst mich. Ob ich sitze oder stehe, Du weißt von mir. Von fern erkennst Du meine Gedanken.
Ob ich gehe oder ruhe, es ist Dir bekannt; Du bist vertraut mit all meinen Wegen.
Noch liegt mir das Wort nicht auf der Zunge – Du, Herr, kennst es bereits.
Du umschließt mich von allen Seiten und legst Deine Hand auf mich.
Zu wunderbar ist für mich dieses Wissen,
zu hoch, ich kann es nicht begreifen.
Wohin könnte ich fliehen vor Deinem Geist, wohin mich vor Deinem Angesicht flüchten?
Stiege ich hinauf in den Himmel, so wärest Du dort; bettete ich mich in der Unterwelt, wärest Du zugegen.
Nähme ich die Flügel des Morgenrots und ließe mich nieder am äußersten Meer, auch dort würde Deine Hand mich ergreifen und Deine Rechte mich fassen.
Würde ich sagen: »Finsternis soll mich bedecken, statt Licht soll Nacht mich umgeben« – auch die Finsternis wäre für Dich nicht finster, die Nacht würde leuchten wie der Tag, die Finsternis wäre für Dich wie das Licht.
Denn Du hast mein Inneres geschaffen, mich gewoben im Schoß meiner Mutter.
Ich danke Dir, daß Du mich so wunderbar gestaltet hast.
Ich weiß: Staunenswert sind Deine Werke.
Als ich geformt wurde im Dunkeln, kunstvoll gewirkt

in der geheimen Werkstatt, war meine Gestaltung Dir nicht verborgen.
Deine Augen sahen, wie ich entstand, in Deinem Buch war schon alles verzeichnet; meine Tage waren vorbedacht, als noch keiner von ihnen da war.
Wie kostbar sind für mich, o Gott, Deine Gedanken, wie gewaltig ist ihre Zahl!
Erforsche mich, Gott, und erkenne mein Herz! Prüfe mich und sichte meine Gedanken! Sieh, ob ich wandle auf trüglichem Wege, und leite mich auf ewigem Wege.

Psalm 139, übersetzt von Christoph Rau

Loblied

des Lehrers der Gerechtigkeit

Ich preise Dich, Herr!
Denn Du hast mich nicht verlassen,
als ich weilte im Volk.
Und nicht nach meiner Schuld
hast Du mich gerichtet
und mich nicht im Trachten meines Verlangens gelassen.
Sondern Du halfst meinem Leben aus der Grube,
als ich weilte inmitten von Löwen,
die bestimmt sind für die Söhne der Verschuldung,
Löwen, die die Knochen der Mächtigen zerbrechen
und das Blut der Starken trinken.
Du versetztest mich in die Fremde
mit vielen Fischern,
die das Netz auf den Wassern ausbreiten.
Dort hast Du mich zum Recht bestimmt
und den Rat der Wahrheit
in meinem Herzen stark gemacht,
und von da an gehört der Bund
denen, die ihn suchen.
Du verschlossest das Maul junger Löwen,
deren Zähne wie ein Schwert
und deren Eckzähne wie ein scharfer Wurfspieß sind.
Drachengift sind alle ihre Ränke,
um dahinzuraffen, und sie liegen auf der Lauer.
Aber nicht sperrten sie gegen mich ihr Maul auf,
denn Du, mein Gott, hast mich verborgen vor den
Menschenkindern

und hast Dein Gesetz zurückgehalten bis zur Zeit,
da Deine Hilfe mir offenbart wurde.
Denn in der Bedrängnis meiner Seele
hast Du mich nicht verlassen,
mein Schreien gehört in der Verbitterung meiner Seele;
Du hast Recht verschafft meinem Kummer,
hast auf mein Seufzen geachtet.
Du rettetest die Seele des Armen
am Ort der Löwen,
die ihre Zunge geschärft hatten wie ein Schwert.
Doch Du, mein Gott, hast ihr Gebiß verschlossen gehalten,
damit sie nicht das Leben des Armen und Geringen
zerrissen.
Du ließest ihre Zunge wie ein Schwert in seine Scheide
zurückkehren,
ohne daß es das Leben deines Knechtes traf.
Und damit Du Dich stark erzeigtest an mir
vor den Menschenkindern,
hast Du wunderbar gehandelt am Armen.
Du brachtest ihn zur Läuterung
wie Gold in den Werken des Feuers und wie Silber,
das im Ofen der Schmelzer geläutert wird,
um es siebenfach zu reinigen.

Aus den Schriftrollen von Qumran

Loblied

des Lehrers der Gerechtigkeit

Gepriesen seist Du, o Herr,
der Du groß von Rat und reich an Tat bist,
dessen Werk alles ist.
Siehe, Du hast es unternommen,
an mir Barmherzigkeit zu tun,
und hast Dich mir gnädig erwiesen im Geist Deines Erbarmens.
Dir, ja Dir gehört die Gerechtigkeit,
denn Du hast dies alles gefügt.
Dadurch, daß ich erkenne,
daß Du den Geist des Gerechten bestimmt hast,
habe ich erwählt, meine Hände zu reinigen nach Deinem Willen.
Die Seele Deines Knechtes verabscheut jedes Werk des Frevels,
denn ich weiß, daß ein Mann nicht gerecht wird ohne Dich.
Ich will Dein Angesicht besänftigen
durch den Geist, den Du in mich gegeben hast,
um vollständig zu machen Deine Gnadenerweise
an Deinem Knecht auf ewig, um mich zu reinigen
durch Deinen heiligen Geist
und mich in Deinem Wohlgefallen nahe zu bringen
zu Deiner großen Gnade.

Aus den Schriftrollen von Qumran

Dankgebet

Wir danken Dir, heiliger Vater, für Deinen heiligen Namen, dem Du eine Wohnstätte bereitet hast in unsern Herzen, und für die Erkenntnis und für den Glauben und für die Unsterblichkeit, die Du uns kundgetan durch Jesus, Deinen Knecht. Dir sei Ehre in Ewigkeit! Du, allmächtiger Herrscher, hast alles erschaffen um Deines Namens willen, Speise und Trank hast Du den Menschen gegeben zur Nutznießung, damit sie Dir danken; uns aber hast Du gespendet geistliche Nahrung und Trank und ewiges Leben durch Deinen Knecht. Vor allem danken wir Dir, weil Du mächtig bist. Dir sei Ehre in Ewigkeit. Gedenke, Herr, Deiner Kirche, sie zu erlösen von allem Bösen und sie zu vollenden in Deiner Liebe, und führe sie, die geheiligte, von den vier Winden zusammen in Dein Reich, das Du ihr bereitet hast. Denn Dein ist die Kraft und die Herrlichkeit in Ewigkeit. Es komme die Gnade und es vergehe diese Welt. Hosianna dem Gotte Davids. Wer heilig ist, komme herzu; wer es nicht ist, der tue Buße. Maranatha*. Amen.

Aus der ersten Kirchenordnung »Lehre der XII Apostel« (Didache)

* Unser Herr, komm! I. Kor. 16,22

Das Wessobrunner Gebet

Das erfuhr ich unter den Menschen als das älteste Wissen:
daß die Erde nicht war noch oben der Himmel,
daß Baum noch Berg nicht war
noch irgendein Stern noch die Sonne nicht schien
noch der Mond nicht leuchtete noch das herrliche Meer.
Als da nichts war der Enden noch Grenzen,
da war doch der eine allmächtige Gott,
von allen der Gütigste,
da waren auch viele mit ihm: göttliche Geister.

Allmächtiger Gott, Du wirktest Himmel und Erde
und gabest den Menschen viel Gutes:
Gib mir in Deiner Gnade
rechten Glauben und guten Willen,
Weisheit, Wachheit und Kraft,
Teufeln zu widerstehen
und Deinen Willen wirksam zu tun.

nach der Originalfassung des 8. Jahrhunderts,
übertragen von Christoph Rau

Sonnengesang

Herr, Du mein Gott, allmächtiger, guter!
Preis Dir und Ruhm und Ehre und unsers Herzens Segen!
Dir allein, Höchster, gehören sie,
und der Mensch ist nicht wert, Deinen Namen zu loben.
Preis Dir, mein Gott, mit allen Deinen Geschöpfen,
die Sonne sendest Du uns, unsre edle Schwester,
sie schenkt uns den Tag, und Du leuchtest in ihr;
denn sie ist schön und voll strahlenden Glanzes wie Du.
Preis Dir, mein Gott, durch unsre Brüder,
den Mond und die Sterne,
die Du schufst am Himmel so klar und funkelnd und schön.
Preis Dir, mein Gott, durch den Wind, unsern Bruder,
Wolken schickst Du und Sturm und zuckende Blitze,
und dann wieder lacht der Himmel Deinen Geschöpfen
  Leben und Mut zu. –
Und Preis Dir, o Gott, durch unsre Schwester, das Wasser,
Segen schenkt sie bescheiden und lobt Dich in köstlicher
  Reinheit.
Und Dich preist unser Bruder, das Feuer,
dem Du befiehlst unserer Nacht zu leuchten
in Kraft und Schönheit und Freude und Macht. –

Und Dich preist, o mein Gott, unsre Schwester, die Mutter
  Erde,
die uns hegt und erhält.
Früchte schenkt sie und Blumen, uns zur Freude und
  frohem Genießen. –

Und Preis Dir, Gott, durch Deine Kinder, die Menschen,
die Du lehrst verzeihen und dulden und stark sein in Dir.
Selig die, so in Deinem Frieden ruhn,
Du schenkst ihnen der Ewigkeit Krone. –

Und Dich preist, o mein Gott, unser Bruder, der leibliche
Tod,
dem nichts, was atmet, entrinnt.
Selig die, so in Deinem Willen sterben,
denn der zweite Tod darf ihnen nicht nahn. –

Danket dem Herrn, unserm Gott, lobsinget und preist ihn
und dienet ihm in großer Demut.

Franz von Assisi

Gott ist gegenwärtig!
Lasset uns anbeten
und in Ehrfurcht vor ihn treten!
Gott ist in der Mitten!
Alles in uns schweige
und sich innigst vor ihm beuge!
Wer ihn kennt, wer ihn nennt –
schlagt die Augen nieder!
Kommt, ergebt euch wieder!

Du durchdringest alles,
wollst mit Deinem Lichte,
Herr, berühren mein Gesichte!
Wie die zarten Blumen
willig sich entfalten
und der Sonne stille halten,
laß mich so still und froh
Deine Strahlen fassen
und Dich wirken lassen.

Komm, in mir zu wohnen,
laß mein Herz auf Erden
Dir ein Heiligtum noch werden!
Komm, Du nahes Wesen,
Dich in mir verkläre,
daß ich stets Dich lieb und ehre!
Wo ich geh, wo ich steh,
laß mich Dein gedenken,
mich in Dich versenken!

Gerhard Tersteegen

Hymne »Pange lingua«

Das Mysterium preise, o Mensch,
Des offenbarung-strahlenden Leibes
Des versöhnung-spendenden Blutes,
Das der König der Welt,
Aus hehrstem Schoße geboren,
Für die Menschheit als Heiltum verströmt.

Für uns Menschen gottgezeugt,
Für uns Menschen jungfraugeboren
Ist dem Erdensein er einverwoben
Als des Logos ausgestreuter Same.
Er hat seines Erdenwandels Stufen
Wunderbar bis zur Vollendung hin durchschritten.

Bis beim Mahl der letzten Erdennacht
Er zu Tische saß im Kreis der Bruderschaft.
Da geschah dem Weltgesetze voll Genüge,
Denn in der Gestalt der uralt heil'gen Speise
Teilt er sich der Schar der Zwölfe
Selbst mit seiner Hand als Nahrung aus.

Das wahrhaft fleischgewordne Wort
Verwandelt durch sein Wort das Brot in wahres Fleisch,
Es wird zu Christi Blut der reine Wein
Und wenn der Erden-Sinn erstorben bleibt,
So gibt dem opferwill'gen Herzen
Das Schau'n des Glaubens alle Sicherheit.

Geweiht sei unsrer Seele ganzes Leben
Dem Schauen, das im Sakrament erstrahlt.
Was die Geschichte uns in alten Schriften aufbewahrt,
Wird blaß und leblos vor der heil'gen Handlung Licht.
Das Glaubensauge lebt
Und machet gut den Tod der Erdensinne.

Lautes Lob- und Jubellied erschalle
Nun dem Vatergotte und dem Sohnesgott.
Und der Heilesstrom, der strahlend kräftig fließt,
Ihn erkennen wir als segnende Gebärde
Dessen, den wir als den Geistgott preisen,
Der aus beiden wesenhaft erquillt.

Thomas von Aquin
übersetzt von Emil Bock

Hymne »Sacris solemnis«

Das heil'ge Weihefest erwecke alle Freuden,
Aus allen Herzen laut ertöne Psalmensingen.
Die alte Schöpfung, sie versank, neu soll nun alles
  auferstehn,
Das Herz, der Mund und auch die Hand.

Das Engelsbrot wird Menschenbrot,
Das Himmelsbrot, es spendet in den Erdengaben
  Unvergänglichkeit.
O Wunder, daß der Herr der Welt
Zur Speise wird dem armen staubgebundnen
  Erdenmenschen.

Wir trinken dich, dreiein'ger Gott aus *einem* Kelche,
Und in der heil'gen Handlung nahst du uns als
  geistgeschautes Wesen.
Führ' uns durch deinen Leib und Blut zu unsern
  Geisteszielen,
Zu jenem Licht, in dem du selber wohnst.

Thomas von Aquin
übersetzt von Emil Bock

Adoro te devote
latens deitas
quae sub his figuris
vere latitas.
Tibi se cor meum
totum subicit
quia te contemplans
totum deficit.

Thomas von Aquin

Ich bete dich ehrfürchtig an,
im Unsichtbaren wesend' Gottheit,
die du unter dieser Bildgestalten Schleier
wahrhaft auf verborgene Weise wesest.
Dir gehören zu eigen alle Kräfte meines Herzens,
weil es ganz und gar verzehrt wird
von der betenden Hingabe,
die um dich einen Tempel der Ehrfurcht baut.

übersetzt von Rudolf Frieling

O Du, welcher Du durch das Licht der Natur
die Sehnsucht nach dem Licht der Gnade in uns erregst,
um uns in das Licht der Herrlichkeit zu erhöhen,
Dir danke ich, Schöpfer und Herr, daß Du mich
über Deine Welt frohlocken läßt.
Sieh nur, ich habe das Werk meines Lebens vollendet
mit der Geisteskraft, die Du mir verliehen,
ich habe den Ruhm Deiner Werke den Menschen
geoffenbart,
soweit meine Seele seine Unendlichkeit erfassen konnte.
Lobet den Herren, ihr himmlischen Harmonien,
und ihr, die ihr die entdeckten Harmonien kennt.
Lobe auch Du, meine Seele, Deinen Gott, solange ich lebe.
Denn aus ihm und durch ihn und in ihm ist alles,
das Sinnliche wie das Geistige;
das, was wir wissen, und das, was wir nicht wissen;
denn es ist noch vieles zu tun.

Johannes Kepler

Verehrung des Thrones Gottes

O Gloria des Thrones Gottes,
o Chor des Lob-singenden Sphärenwortes,
o Hoheit des Sternendomes,
o Sohn der Sonne,
o Du in Wolken Wiederkommender!
Am Tore, da Du wohnest,
drohet die goldrote Lohe
Deiner Flammenboten.
Doch wer Deine Ordnungen erhorchte,
wen keine Drohung weggelockt
noch Not und Hohn,
dem lohnest Du mit der Krone der Weisheit
und der Rose des Morgenrots.

Im Boote des reinen Gedankens
durchfährt der Sohn der Sophia
als Lotse sicher den Zorn der Bosheit.
Stoffbezwinger, Du Wolkensohn!
O Goldstrom der Sonne,
o Hoheit des Sternendomes,
o Chor des Lob-singenden Sphärenwortes,
o Gloria des Thrones Gottes!

Friedrich Doldinger

Geist der Ordnung

Der du ewig neu dich zeugest
Tief aus dunkelstem Bemühn,
Säulen donnernd niederbeugest
über Welten, die verblühn:

Manchmal dennoch in Äonen
Glückt, was nie noch möglich schien,
Und es tragen die Dämonen
Schweigend deinen Baldachin.

Fritz Usinger

Hier ist
Amen zu sagen
diese Krönung der Worte die
ins Verborgene zieht
und
Frieden
du großes Augenlid
das alle Unruhe verschließt
mit deinem himmlischen Wimpernkranz

Du leiseste aller Geburten.

Nelly Sachs

Nun füge mich als letzten Stein
in einen Deiner tausend Ringe,
DU GOTT,
und ich will guter Dinge
und friedvoll sein.

Hans Pfitzner

Alphabetisches Verzeichnis der Textanfänge

Wir möchten allen Autoren und Verlagen für die freundlich gewährte Abdruckgenehmigung danken. Als Quellenvermerk und Copyright für folgende Autoren ist zu nennen:

Albrecht Goes, Gedichte, 1950 S. Fischer Verlag GmbH, Frankfurt
Hanns Gottschalk, Dein der Zauber und Glanz dieser Welt, Gedichte, 1965 Delp Verlag, München
Dag Hammarskjöld, Zeichen am Weg, 1965 Droemer Knaur Verlag, München
Albrecht Haushofer, Moabiter Sonette (dtv 10099), 1976 Deutscher Taschenbuch Verlag GmbH & Co. KG, München
Henry von Heiseler, Sämtliche Werke, 1965 Verlag Lambert Schneider, Heidelberg
Christine Lavant, Die Bettlerschale, 1956 Otto Müller Verlag, Salzburg
Kurt Marti, Gedichte, 1974 Verlag Arthur Niggli AG, Böhl
Otto Rahn, Kreuzzug gegen den Gral. Die Tragödie des Katharismus, 1964 Verlag Hans E. Günther, Stuttgart
Nelly Sachs, Fahrt ins Staublose. Die Gedichte der Nelly Sachs, 1961 Suhrkamp Verlag, Frankfurt
Reinhold Schneider, Gesammelte Werke, 1977ff. Insel Verlag, Frankfurt
Ina Seidel, Gedichte, Deutsche Verlags-Anstalt GmbH, Stuttgart
Albert Steffen
– Der Tote, der mich liebte, Der Tröster, 1935
– Die Menschheit sieht, Begegnungen mit Rudolf Steiner, 1955
– Drei Könige, Spätsaat, 1947
– Du hebst die Hände, Wegzehrung, 1935
– Endlich weiß ich, Der Tröster, 1935
– Ich bin mehr als das tote Gestein, Geistige Heimat, 1941
– Ich geh durch rote Äcker, Wegzehrung, 1935
– Ja! Er ist auferstanden, Wegzehrung, 1935
– O Christus, gib mir die Kraft, Das Viergetier, 1920
– Überall steigt Christus, Am Kreuzweg des Schicksals, 1952

– Von drüben tönt ein Ruf; Wach auf, du Todesschläfer, 1941
– Wenn ich denke, Wegzehrung, 1935
© Verlag für Schöne Wissenschaften, Dornach/Schweiz
Rudolf Steiner
– Der Sonne Licht, Wahrspruchworte, 1978 GA Bibl. Nr. 40
– Der Wolkendurchleuchter, Wahrspruchworte, 1978 GA Bibl. Nr. 40
– Es keimen die Pflanzen, Wahrspruchworte, 1978 GA Bibl. Nr. 40
– Es keimen der Seele Wünsche, Wahrspruchworte, 1978 GA Bibl. Nr. 40
– Geister Eurer Seelen, Unsere Toten, 1983 GA Bibl. Nr. 261
– Göttliches in meiner Seele, Unsere Toten, 1983 GA Bibl. Nr. 261
– Ich schaue auf Dich, Unsere Toten, 1983 GA Bibl. Nr. 261
– Ich schlafe ein, Bausteine zu einer Erkenntnis des Mysteriums von Golgatha, 1982 GA Bibl. Nr. 175
– Im Urbeginne war das Wort, Das Johannes-Evangelium, 1981 GA Bibl. Nr. 103
– In Geistgefilde will ich senden, Unsere Toten, 1983 GA Bibl. Nr. 261
– Wenn Ruhe der Seele Wogen, Wahrspruchworte, 1978 GA Bibl. Nr. 40
Alle Rechte bei der Rudolf Steiner-Nachlaßverwaltung, Dornach/Schweiz
Fritz Usinger, Pentagramm, 1965 Limes Verlag Niedermayer und Schlüter GmbH, Wiesbaden und München
Franz Werfel, Das Lyrische Werk, 1967 S. Fischer Verlag GmbH, Frankfurt